New The 바른 이탈리아어 첫걸음

저자 ı 구민경

ECK Books

이탈리아어 첫걸음

초판인쇄 2017년 11월 01일
2판 2쇄 2024년 06월 01일

지은이 구민경
원어감수 Enzo Zebellin
펴낸이 임승빈
펴낸곳 ECK북스
출판사 등록번호 제 2020-000303호
출판사 등록일자 2000. 2. 15
주소 서울시 마포구 창전로2길 27 [04098]
대표전화 02-733-9950 | **이메일** eck@eckedu.com

제작총괄 염경용
편집책임 정유항, 김하진 | **편집진행** 송영정
마케팅 이서빈, 서혜지 | **디자인** 다원기획 | **일러스트** 손도영 | **인쇄** 신우인쇄

ISBN 979-11-91132-70-0
정가 15,000원

ECK교육 | 세상의 모든 언어를 담다

기업출강 · 전화외국어 · 비대면교육 · 온라인강좌 · 교재출판 · 통번역센터 · 평가센터

ECK교육 www.eckedu.com
ECK온라인강좌 www.eckonline.kr
ECK북스 www.eckbook.com

유튜브 www.youtube.com/@eck7687
네이버 블로그 blog.naver.com/eckedu
페이스북 www.facebook.com/ECKedu.main
인스타그램 @eck__official

저자의 말

이탈리아는 잘 알려지지 않은 작은 소도시조차도 감탄을 쏟아내게 만드는 아주 매력적인 나라입니다. 어느 날 느닷없이 찾아온 지금의 남편 Enzo를 만나 이 매력적인 이탈리아를 알게 되었을 때, 완전히 낯선 세계의 이탈리아어가 라틴음악의 멜로디처럼 들려왔습니다.

이탈리아어는 다양한 매력을 곳곳에 감추고 있듯이, 표현법 또한 다양하여, 그 의미를 알면 알수록 이탈리아인들의 뿌리 깊은 삶의 정서나 철학까지도 엿볼 수 있습니다. 아름다운 예술의 나라인 이탈리아의 언어도 그에 못지 않은 예술적인 언어입니다.

이탈리아에 매력을 느끼고, 이탈리아를 궁금해 하는 분들과 이탈리아어를 공유하고 싶은 마음이 간절할 때, 감사하게도 ECK가 제게 기회를 주었고, 저는 저의 첫 이탈리아어 문법책 쓰기에 도전했습니다. 처음 책을 쓰며 상당한 시간이 걸렸고, 편집자가 애를 많이 먹은 끝에 드디어 책이 나오게 되었습니다.

이탈리아를 사랑하는 모든 분들, 이탈리아어를 배우고 싶은 모든 분들에게 이 책이 작은 발판이 되기를 간절히 바랍니다.

또한, 제게 이탈리아어를 알게 해주고, 원고 작업의 처음부터 끝까지 감수와 조언을 아끼지 않은 남편 Enzo, 책을 쓸 수 있는 기회를 주신 ECK 대표님, 책의 처음과 끝까지 저보다 더 수고를 아끼지 않으신 편집자께 큰 감사를 드립니다.

저자 구민경

Contents

부록

이 책의 구성과 특징

『New The 바른 이탈리아어 첫걸음』은 이탈리아어를 처음 공부하는 입문 학습자들이 효과적으로 학습할 수 있도록 다음과 같이 구성하였습니다.

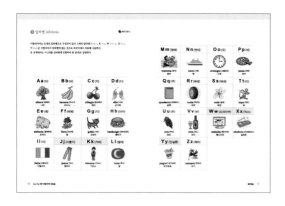

예비학습

이탈리아어 알파벳과 발음을 학습합니다. 본학습에 앞서 반드시 먼저 숙지하세요.

회화

일상을 주제로 한 대화문을 학습합니다. mp3 파일을 반복하여 듣고 따라 말하는 훈련을 해 보세요.

문법

대화문에 나오는 주요 문법 사항을 학습합니다. 초급 단계에서 알아야 하는 기초 필수 문법을 다양한 예문과 함께 알기 쉽게 정리했습니다.

어휘

대화문의 주제와 관련되거나 문법에서 다룬 어휘 중 확장하여 다루어야 하는 어휘들을 추가로 정리했습니다. mp3 파일을 들으며 발음도 확인해 보세요.

연습문제

문법은 물론, 읽기·쓰기·듣기 등 다양한 형식의 문제를 풀어보며 학습을 정리하고 마무리합니다.

문화

음식, 문화, 산업 등 다양한 주제별로 이탈리아를 소개합니다. 언어를 공부하며 문화도 함께 배울 수 있는 1석 2조의 효과를 드립니다.

예비학습

① 알파벳 Alfabeto

 MP3 **00-1**

이탈리아어는 21개의 알파벳으로 구성되어 있다. 5개의 알파벳 J[이룽가], K[카파], W[도피아부], X[익스], Y[입실론]은 이탈리아어 알파벳에 없는 것으로 외국어에서 차용해 사용한다.
본 교재에서는 이 5개를 알파벳에 포함하여 총 26개로 설명한다.

A a(아)	**B b**(비)	**C c**(치)	**D d**(디)
albero [알베로] 나무	**banana** [바나나] 바나나	**ciliegia** [칠리에쟈] 체리	**dito** [디또] 손가락
E e (에)	**F f** (에페)	**G g** (지)	**H h** (아카)
elefante [엘레판테] 코끼리	**fiore** [피오레] 꽃	**gatto** [가또] 고양이	**hamburger** [암부르게르] 햄버거
I i (이)	**J j** (이룽가)	**K k** (카파)	**L l** (엘레)
Italia [이탈리아] 이탈리아	**jeans** [진스] 청바지	**kimono** [키모노] 기모노	**luna** [루나] 달

M m (엠메)	**N n** (엔네)	**O o** (오)	**P p** (피)
mamma [맘마] 엄마	**nave** [나베] 배	**orologio** [오롤로쬬] 시계	**pizza** [피짜] 피자
Q q (쿠)	**R r** (에레)	**S s** (에세)	**T t** (티)
quaderno [꽈데르노] 공책	**ruota** [루오타] 바퀴	**sole** [솔레] 태양	**topo** [토포] 쥐
U u (우)	**V v** (부)	**W w** (도피아부)	**X x** (익스)
uva [우바] 포도	**vino** [비노] 와인	**website** [웹사이트] 웹사이트	**xilofono** [(크)실로포노] 실로폰
Y y (입실론)	**Z z** (제타)		
yogurt [요구르트] 요구르트	**zanzara** [잔자라] 모기		

❷ 발음

(1) 모음

💿 MP3 **00-2**

이탈리아어의 모음은 a, e, i, o, u 다섯 개이며, 우리말 모음 ㅏ, ㅔ, ㅣ, ㅗ, ㅜ 처럼 발음한다.

모음	발음
a	'ㅏ' 발음 acqua [아쿠아] 물 amore [아모레] 사랑
e	'ㅔ' 발음 euro [에우로] 유로 elefante [엘레판테] 코끼리
i	'ㅣ' 발음 insalata [인살라따] 샐러드 istituto [이스띠뚜또] 학원
o	'ㅗ' 발음 ombrello [옴브렐로] 우산 occhiali [오키알리] 안경
u	'ㅜ' 발음 ufo [우포] 유에프오 uva [우바] 포도

(2) 자음

💿 MP3 **00-3**

이탈리아어 자음은 다섯 개의 외래어 자음까지 포함하여 모두 21개이다.

자음	발음
b	'ㅂ' 발음, 위 아래 입술을 포개며 발음 bacio [바쵸] 뽀뽀 banana [바나나] 바나나
c	모음 i, e와 결합하여 'ㅊ' 발음 ciliegia [칠리에쟈] 체리 cinque [친꾸에] 5 나머지 모든 글자와 결합하여 'ㄲ' 발음 casa [까자] 집 castello [까스텔로]
-ch	'ㅋ' 발음 chiesa [키에자] 교회 chiave [키아베] 열쇠
d	'ㄷ' 발음 dottore [도또레] 박사, 의사 dirigente [디리젠떼] 감독

f	'ㅍ' 발음, 윗니를 아래입술에 대며 발음 formica [포르미카] 개미 fiammifero [피암미페로] 성냥
g	모음 a, o, u와 만나면 'ㄱ' 발음 gatto [가토] 고양이 gomma [곰마] 고무 모음 e, i와 만나면 'ㅈ' 발음 gente [젠떼] 사람들 gigante [지간떼] 거대한
h	발음을 거의 하지 않으나, 외래어인 경우 'ㅎ' 발음 ho [오] 가지다(avere 동사의 1인칭 형태) hotel [호텔] 호텔
j	'ㅈ' 발음 jeans [진스] 청바지
k	'ㅋ' 발음 karaoke [카라오케] 가라오케 karatè [카라테] 가라테
l	'ㄹ' 발음, 혀를 입천장에 대며 발음 libro [리브로] 책 lucertola [루체르톨라] 도마뱀
m	'ㅁ' 발음 marmellata [마르멜라따] 잼 macelleria [마첼레리아] 정육점
n	'ㄴ' 발음 numero [누메로] 수 nonna [논나] 할머니
p	'ㅍ' 발음, 위 아래 입술을 포개며 발음 penna [펜나] 펜 pizza [피짜] 피자
r	'ㄹ' 발음, 혀를 입천장에 굴리듯 발음 rana [라나] 개구리 rete [레테] 네트

s	'ㅅ' 발음 sole [솔레] 태양　　studente [스투덴떼] 학생 sc + i = sci, sc + e = sce : 'ㅅ' 발음을 부드럽게 sciarpa [샤르파] 목도리　　pesce [페쉐] 물고기 sc + a = sca [스카]　　sc + o = sco [스코]　　sc + u = scu [스쿠]　　sc + r = scr [스크리] scarpe [스카르뻬] 신발　　scopa [스코빠] 빗자루　　scuola [스쿠올라] 학교　　scrivere [스크리베레] 쓰다 ☞ 주의 attenzione! sc + hi = schi [스키]　　sc + he = sche [스케] maschio [마스키오] 남성　　mosche [모스케] 파리들(복수)
t	'ㅌ' 발음 televisione [텔레비지오네] 텔레비전　　topo [토포] 쥐
v	'ㅂ' 발음, 윗니를 아래입술에 대며 발음 vento [벤또] 바람　　vestito [베스티또] 옷
w	영어의 [w] 발음 windsurf [윈드서프] 윈드 서핑　　website [웹사이트] 웹사이트
x	영어의 [ks] 발음 xilofono [(크)실로포노] 실로폰
y	모음과 결합하여 '이예,' '요', '유' 로 발음 yeti [예티] 예티　　Yuppie [유피] 여피족　　yoga [요가] 요가　　yogurt [요구르트] 요구르트
z	'ㅈ' 발음 zenzero [젠제로] 생강

③ 강세

이탈리아어는 강세가 중요하다. 강세는 폐음(acuto)과 개음(grave)이 있다.

강세는 a, e, i, o, u 모음에 주어진다.

● 폐음은 입술을 닫듯이 발음한다. 모음 e와 o에 강세를 주며, 강세의 형태는 오른쪽 위에서 왼쪽 아래로 향한다.

    réte 네트   mése 월   cómpito 숙제   giórno 일   perché 왜

● 개음은 입술을 열듯이 발음하며, a, e, i, o, u 모든 모음을 강하게 발음한다. 강세의 형태는 왼쪽 위에서 오른쪽 아래로 향한다.

    chièsa 교회   caffè 커피   città 도시

이탈리아어는 단어의 중간에 강세가 들어가는 경우, 쓸 때는 표기하지 않고, 발음할 때만 강하게 해주는 반면에, 강세가 마지막 단어에 들어가는 경우에는 쓸 때도 표기하고, 말할 때도 강하게 발음한다.

● 단어의 어미가 강세가 있는 a, i, o, u로 끝나는 단어는 강세의 형태가 항상 개음이 된다.

    libertà 자유   università 대학   però 그러나

주의 ☆☆

강세의 위치가 같지만 의미가 달라지는 글자들이 있다.

Lui lègge 그가 읽는다	la légge 법
i vènti 바람	vénti 숫자 20
la pèsca 복숭아	la pèsca 낚시

강세의 위치나 유무에 따라 의미가 달라지는 글자들도 있다.

leggère 가벼운	lèggere 읽다
pero 배나무	però 그러나
àncora 닻	ancóra 다시

---

❹ 인사

① 기본 인사

이탈리아어의 기본 인사는 'buon＋명사'로 이루어져 있다. buon은 '좋은'이란 뜻의 형용사로, 영어의 good에 해당한다.

Buongiorno. [부온조르노]　　　　　　　　　아침 인사

* 잘 모르는 사람을 만날 때나, 형식적인 인사를 주고 받을 때도 주로 사용한다.

Buon pomeriggio. [부온 포메리조]　　　　　정오 이후의 인사

Buona sera. [부오나 세라]　　　　　　　　저녁 인사

Buona notte. [부오나 노떼]　　　　　　　안녕히 주무세요, 잘 자요

Buona giornata. [부오나 죠르나따]　　　　좋은 하루 되세요.

Buona serata. [부오나 세라따]　　　　　　좋은 저녁 되세요.

Ciao. [챠오]　　　　　　　　　　　　　　안녕.

* 만날 때나, 헤어질 때 모두 사용하며, 친숙한 사람들끼리 사용한다.

Salve. [살베]　　　　　　　　　　　　　안녕하세요.

* ciao와 buongiorno 사이의 의미로, 서로 아는 듯 모르는 듯한 관계에서 사용한다.

② 안부를 물을 때

Come stai? [꼬메 스타이]　　　　　　　어떻게 지내요?

Come sta? [꼬메 스타]　　　　　　　　어떻게 지내세요? [존칭]

Come va? [꼬메 바]　　　　　　　　　어떻게 지내요?

③ 처음 만날 때

Piacere. [피아체레]　　　　　　　　　만나서 반갑습니다.

④ 헤어질 때

Ciao. [차오]   잘 가.

Arrivederci. [아리베데르치]   또 봅시다.

A presto. [아 쁘레스토]   또 봅시다.

A domani. [아 도마니]   내일 봅시다.

Ci vediamo. [치 베디아모]   다음에 봅시다.

⑤ 감사할 때

Grazie. [그라찌에]   감사합니다.

Grazie mille. [그라찌에 밀레]   대단히 감사합니다.

(= Grazie tanto. [그라찌에 딴또])

⑥ 사과할 때

Scusi. [스쿠지]   죄송합니다. [존칭]

Scusa. [스쿠자]   미안해.

Mi dispiace. [미 디스피아체]   유감입니다.

Unità

Sono coreano/a.

나는 한국 사람입니다.

주요 문법

- 인칭대명사
- 명사의 성과 수
- 문장의 어순
- essere 동사

Sumi	**Ciao, io sono Sumi!** 챠오, 이오 소노 수미!
Peter	**Ciao, sono Peter. Sei giapponese?** 챠오 소노 피터. 세이 쟈포네제?
Sumi	**No, sono coreana. E tu, di dove sei?** 노, 소노 코레아나. 에 뚜, 디 도베 세이?
Peter	**Io sono inglese, di Londra.** 이오 소노 잉글레제, 디 론드라.
Sumi	**Anche Maria è inglese?** 앙케 마리아 에 잉글레제?
Peter	**Sì, è inglese. Noi siamo amici.** 씨, 에 잉글레제. 노이 시아모 아미치. **Lei è una studentessa, io sono un ingegnere.** 레이 에 우나 스투덴떼싸, 이오 소노 운 인제니에레. **Piacere.**[*] 피아체레.
Sumi	**Piacere mio.** 피아체레 미오.

수미	안녕하세요, 나는 수미입니다.
피터	안녕하세요, 나는 피터입니다, 당신은 일본인인가요?
수미	아니요. 나는 한국인입니다. 당신은 어디 출신인가요?
피터	나는 영국인으로, 런던에서 왔습니다.
수미	마리아도 영국인인가요?
피터	네, 영국인입니다. 우리는 친구죠.
	그녀는 학생이고, 나는 기술자입니다.
	만나서 반갑습니다.
수미	제가 더 반갑습니다.

Tip ☆

Piacere는 '만나서 기쁩니다'라는 의미로 사용될 때는 '기쁨'이라는 뜻의 명사이다.
반면에 동사로 사용되는 piacere는 '～이 좋다'라는 의미로, 그 쓰임새가 다르다.

- □ Ciao 안녕하세요
- □ giapponese 일본인
- □ coreano/a 한국인
- □ inglese 영국인
- □ Londra 런던
- □ anche 또한
- □ (l')amico 친구
- □ (l')ingegnere 기술자
- □ piacere 만나서 반갑습니다

A 인칭대명사

단수	복수
io 나	noi 우리들
tu 너	voi 너희들
lui / lei 그, 그녀 (Lei 제 3 자에 대한 존칭)	loro 그들

Lei는 제 3자에 대한 존칭 대명사로서, 남성이나 여성 모두에게 같이 사용한다. 존칭 Lei는 대문자로 쓴다.

B 명사의 성과 수

● 명사의 성

이탈리아어의 명사는 남성과 여성, 두 가지 성이 있으며, 대체로 다음과 같이 구분한다.
① 명사 끝이 −o로 끝나면 대부분 남성명사
② 명사 끝이 −a로 끝나면 대부분 여성명사
③ 명사 끝이 −e로 끝나면 남성형과 여성형이 같으며, 관사로 성을 구분한다. 관사는 p.35 참조

남성명사	여성명사
−o	−a
bambino 남자 아기	bambina 여자 아기
gatto 수고양이	gatta 암고양이
impiegato 남자 고용인	impiegata 여자 고용인
−e	−e
l'insegnante 남자 선생	la insegnante 여자 선생
il cliente 남자 고객	la cliente 여자 고객

–a나 –e로 끝나는 남성 명사의 끝을, –essa로 바꾸면 여성명사가 되는 단어들이 있다.

남성명사	여성명사
–a	–essa
poeta 시인	poetessa 여류시인
duca 공작	duchessa 공작부인
–e	–essa
dottore 남자 의사	dottoressa 여자 의사
professore 남자 교수/선생	professoressa 여자 교수/선생
principe 왕자	principessa 공주
studente 남학생	studentessa 여학생

● 명사의 수

① 단어의 끝이 –a로 끝나는 여성명사와 –o로 끝나는 남성명사는 단어 끝을 각각 –e, –i로 바꾼다.

명사의 성	단수	복수
여성	coreana	coreane
남성	coreano	coreani

② 단어의 끝이 –e로 끝나는 여성명사와 남성명사는 모두 단어 끝을 –i로 바꾼다.

명사의 성	단수	복수
여성	inglese	inglesi
남성	inglese	inglesi

③ 단어의 끝이 –sca로 끝나는 여성명사, –sco로 끝나는 남성명사는 단어 끝을 각각 –sche, –schi로 바꾼다.

명사의 성	단수	복수
여성	tedesca	tedesche
남성	tedesco	tedeschi

※ 남성과 여성이 섞여 있는 복수의 경우는 항상 남성 복수형태로 쓴다.

ⓒ 문장의 어순

이탈리아어의 어순은 다음과 같다. 아직 동사를 배우지 않아 예문에는 essere 동사만을 사용하였다.
essere 동사는 다음 페이지를 참고하고, 여기서는 먼저 어순을 익혀보자.

● 평서문

주어를 분명히 밝혀야 하는 경우를 제외하고는, 보통 주어를 생략한다.

① 긍정문: 주어 + 동사 + 목적어/보어

Io sono Enzo. 나는 엔조입니다.
Lui è Marco. 그는 마르코입니다.

② 부정문: 주어 + non + 동사 + 목적어/보어

Io non sono italiano. 나는 이탈리아인이 아닙니다.
Lei non è giapponese. 그녀는 일본인이 아닙니다.

● 의문문

의문사가 있는 의문문의 어순은 전체적으로 "의문사＋동사＋주어?"의 형태이며, 주어가 분명한
경우는 생략하기도 한다. 의문사는 Unitá 7 참조

① 의문사가 있는 의문문: 의문사 + 동사 + (주어)?

A: Dove sei? 당신은 어디 있습니까?
B: Sono a casa. 나는 집에 있습니다.

Dove sono le biciclette? 자전거들은 어디에 있나요?
Dov'è la borsa? 가방은 어디에 있나요?

② 의문사가 없는 의문문

의문사가 없는 의문문은 평서문 형식의 문장에 물음표만 붙이고 끝을 올려서 읽는다. 평서문
과 마찬가지로, 주어를 분명히 밝혀야 하는 경우를 제외하고는, 보통 주어는 생략한다.

A: Sei coreano? 당신은 한국인인가요?
B: Sì, sono coreano. 네, 나는 한국인입니다.

단어 dove 어디에   (la) bicicletta 자전거   (la) borsa 가방

A: Marco è italiano? 마르코는 이탈리아인인가요?

B: Sì, è italiano. 네, 그는 이탈리아인입니다.

D essere 동사

essere 동사는 이탈리아어 동사 중 가장 기본이 되는 동사로, 영어의 be 동사에 해당한다. '~이다', '~이 있다'라는 의미로, 사람이나 사물의 이름, 국적, 특징, 상태, 존재 등을 말할 때 사용한다. essere 동사 뒤에는 주로 명사나 형용사가 오는데, 이때 주의할 점은 명사나 형용사가 주어의 성·수에 따라 형태가 변한다는 것이다.

이탈리아어 동사는 주어의 인칭에 따라 형태가 변한다. 이때 형태가 규칙적으로 변하는 규칙 동사와 불규칙적으로 변하는 불규칙 동사가 있는데, essere 동사는 불규칙 동사로, 다음과 같이 형태가 변한다.

인칭대명사(단수)	essere 동사	인칭대명사(복수)	essere 동사
io	sono	noi	siamo
tu	sei	voi	siete
lui/lei, Lei (존칭)	è	loro	sono

이탈리아어 동사는 주어의 인칭과 수에 따라 형태가 변하므로, 동사만으로 이미 주어를 알 수 있기 때문에, 주어인 인칭대명사를 생략할 수 있다.

(Io) Sono inglese. 나는 영국인입니다.

(Tu) Sei brasiliano/a. 당신은 남자/여자 브라질인입니다.

(Lui) È coreano. 그는 한국인입니다.

(Lei) È coreana. 그녀는 한국인입니다.

(Noi) Siamo tedeschi. 우리는 독일인들입니다.

(Voi) Siete tedeschi. 당신들은 독일인들입니다.

(Loro) Sono italiani. 그들은 이탈리아인들입니다.

(Lei) È Maria. 그녀는 마리아입니다.

Maria è carina. 마리아는 귀엽습니다.

＊ 주어 Maria는 앞에서 이미 언급된 인물이면 생략할 수 있다. 그렇지 않을 경우, 생략하지 않고 써준다.

단어 carino/a 귀여운

● 국적 말하기

국적(출신)을 물을 때는 "Di dove + essere 동사?" 또는 "Di che nazionalitá + essere 동사?"
의 형식으로 묻는다. 대답은 "essere 동사 + 국적 형용사" 또는 "essere 동사 + di + 도시명"으
로 한다.

A: Di dove sei? 당신은 어디 출신입니까? (당신은 어느 나라 사람입니까?)

B: Sono italiano, di Venezia. 나는 이탈리아사람으로 베네치아에서 왔습니다.

A: Di dov'è* Marco? 마르코는 어느 나라 사람인가요?

B: È italiano. 이탈리아 사람입니다.

A: Di che nazionalitá siete? 당신들은 국적이 어디인가요?

B: Siamo coreani. 우리는 한국사람입니다

* dov'è 는 dove+è의 축약형태로, dove의 e가 è와 만나 '모음+모음'의 형태가 되어, e를 생략
하고 '를 찍은 형태이다.

단어 di ~로부터   che 무엇, 무슨   (la) nazionalità 국적

● 국가 및 국적

	국가	국적(남/여)
한국	Corea	coreano/a
이탈리아	Italia	italiano/a
프랑스	Francia	francese
스페인	Spagna	spagnolo/a
영국	Inghilterra	inglese
아르헨티나	Argentina	argentino/a
독일	Germania	tedesco/a
브라질	Brasile	brasiliano/a
일본	Giappone	giapponese
스위스	Svizzera	svizzero/a
이집트	Egitto	egiziano/a
터키	Turchia	turco/a
그리스	Grecia	greco/a
러시아	Russia	russo/a
오스트리아	Austria	austriaco/a

● 직업

(l') architetto	건축가	(il) meccanico	자동차 정비사
(il/la) barista	바리스타	(lo) scrittore	작가
(il) cameriere	웨이터	(la) scrittrice	여류작가
(il) commesso	점원	(il) poliziotto	경찰관
(il/la) farmacista	약사	(la) ballerina	발레리나
(l') infermiere	간호사	(il/la) regista	영화감독

연습문제

1. 다음 문장을 이탈리아어로 쓰세요.

    (1) 당신은 오스트리아 사람입니다.(남자)

    ▶ _____

    (2) 그녀는 러시아 사람입니다.

    ▶ _____

    (3) 그 사람들은 브라질 사람들입니다.

    ▶ _____

    (4) 나는 한국 사람입니다.

    ▶ _____

    (5) 우리는 이탈리아 여자들입니다.

    ▶ _____

2. 다음 문장을 읽고 밑줄 친 부분을 바르게 고치세요.

    (1) Io sei Italiano.   ▶ _____

    (2) Tu non sono italiano, sei tedesco.   ▶ _____

    (3) Angela siete austriaca.   ▶ _____

    (4) Stefania non è coreano.   ▶ _____

3. 다음 질문에 〈보기〉와 같이 답하세요.

> | 보기 | Maria, di dove sei? (Argentina / Buenos Aires)
> ▸ Sono argentina, di Buenos Aires.

(1) Di dov'è Vladimir? (Russia / Mosca)

   ▸ _____

(2) Di dove sono Kate e Anna? (Inghilterra / Londra)

   ▸ _____

(3) Di dove sei Shiro? (Giappone / Tokyo)

   ▸ _____

(4) Di che nazionalitá sei? (Grecia)

   ▸ _____

4. 대화를 듣고, 대화의 내용과 일치하면 V, 일치하지 않으면 F를 고르세요. 🔊 MP3 01-3

(1) Anna è italiana.   (V , F)

(2) Massimo è italiano, di Firenze.   (V , F)

(3) Antonio è inglese.   (V , F)

(4) Antonio è di Berlino.   (V , F)

기원전 3-4천년, 유럽과 인도 대륙에서는 인도유럽어가 사용되었다. 인도유럽어를 사용하던 민족 중 몇몇 종족이 기원전 1400년 지금의 이탈리아에 정착하게 되었다. 그들 중 라틴족이 기원전 9세기와 7세기 사이에 로마를 형성했고, 이어 로마제국으로 확장되었으며, 로마제국의 확장이 라틴어 확장으로 이어졌다. 라틴어는 이탈리아 반도를 시작으로 로마인들이 도달하는 모든 지역으로 퍼져 나갔다. 기원전 5세기와 9세기 사이에 로마제국이 패망하며 라틴어의 확장은 멈췄다.

이탈리아어는 구어체 라틴어에서 오랫동안 서서히 변형되며 이루어진 언어이다. 당시의 이탈리아어는 아주 간단하며, 무형식적인 언어였다(Italiano volgare). 문어체 라틴어는 상당히 섬세하게 구성된 언어로, 문법적으로도 엄격하였으며, 성직자나 학자들의 언어였다. 라틴어는 말하는 것과 쓰는 것이 상당히 달랐다. 구어체 라틴어는 지역방언과 만나서 변형되었지만, 라틴어 문어체는 결코 변하지 않았다.

로마제국이 패망한 뒤, 유럽 각 민족의 침략이 이어졌다(아랍족, 게르만족, 슬라브족). 침략자들의 언어가 이탈리아 토착민들의 언어에 영향을 주었는데, 이 영향이 이탈리아어 방언의 기원이다.(이탈리아어와 형태가 다르지만, 반드시 구어체 라틴어를 기본으로 하였다.) 기원후 1300년과 1400년 사이에, 언어의 통일이 토스카나어를 기반으로 시작되었다. 이것은 3명의 위대한 작가, 단테 알리기에리(1265-1321), 프란체스코 페트라르카(1304-1374), 죠반니 보카쵸(1313-1375)의 노고였다. 이 작가들의 작품은 중요했다. 처음으로 대중들이 사용하는 간단한 단어들을 풍부하게 사용했기 때문이다. 그러나 항상 라틴어가 기반이었다.

1300년대에 이들이 구성한 이탈리아어는 1600년대까지 사용되었으며, 그 후 오늘날의 이탈리아어와 가장 근접하게 정비한 사람은 갈릴레오 갈릴레이이다.

Come ti chiami?

당신의 이름이 뭔가요?

Rossi	**Buongiorno.**
	부온죠르노.
Bibliotecaria	**Buongiorno.**
	부온죠르노.
Rossi	**Questa biblioteca è molto bella!**
	꾸에스타 비블리오테카 에 몰또 벨라!
Bibliotecaria	**È vero, e anche grande.**
	에 베로, 에 앙케 그란데.
Rossi	**Ci sono molti libri.**
	치 소노 몰띠 리브리.
Bibliotecaria	**Che libro cerca?**
	케 리브로 체르카?
Rossi	**Cerco un libro di Roberto Saviano.**[*]
	체르코 운 리브로 디 로베르또 사비아노.
Bibliotecaria	**Qual è il titolo del libro?**
	꽐레 일 티톨로 델 리브로?
Rossi	**Il titolo è Zero Zero Zero.**
	일 티톨로 에 제로 제로 제로.
Bibliotecaria	**Eccolo!**
	에콜로!
	Lei, come si chiama?
	레이, 꼬메 시 키아마?
Rossi	**Mi chiamo Paolo Rossi.**
	미 키아모 파올로 로씨.

로씨	안녕하세요.
사서	안녕하세요.
로씨	이 도서관 참 멋집니다!
사서	맞아요. 그리고 크기도 하죠.
로씨	정말 책이 많네요.
사서	무슨 책을 찾으세요?
로씨	로베르토 사비아노의 책을 찾습니다.
사서	책 제목이 뭔가요?
로씨	'제로 제로 제로'입니다.
사서	여기 있습니다. 성함이 어떻게 되시나요?
로씨	제 이름은 파올로 로씨입니다.

Tip ☆

Roberto Saviano는 이탈리아의 유명한 작가이다. 대표작은 *Gomorra*로 나폴리의 마피아 집단인 카모라에 대한 이야기이다. 이 작품은 유럽 각국어로 번역되어 수출되었으며 영화로도 만들어졌다.

- □ questo 이것
- □ anche ~도, 역시
- □ quale 어떤
- □ (la) biblioteca 도서관
- □ cercare 찾다
- □ (il) titolo 제목
- □ bello 멋진
- □ di ~의
- □ eccolo 그것이 여기 있다
  (ecco 여기에, lo는 남성 대명사로, il libro를 받은 것)

A chiamarsi 동사

chiamarsi 동사는 '~가 …라고 불리다', 즉 '~의 이름은 …이다'라는 뜻의 재귀동사이다. 재귀동사는 동작이 주어 자신에게 되돌아오는 동사이다. 원형은 '동사+재귀대명사'의 형태로, 어미가 –si로 끝난다. 인칭에 따라 변할 때에는 재귀대명사가 동사 앞으로 온다. 재귀동사에 대해서는 unità 12에서 더 자세히 배우도록 하고, 이 과에서는 chiamarsi 동사에 대해 살펴보자.

인칭대명사 (단수)	chiamarsi	인칭대명사 (복수)	chiamarsi
io	mi chiamo	noi	ci chiamiamo
tu	ti chiami	voi	vi chiamate
lui/lei, Lei (존칭)	si chiama	loro	si chiamano

* 3인칭 단수와 복수의 재귀대명사는 모두 si로, 형태가 같다.

A: Come ti chiami? 당신의 이름은 무엇입니까?
B: Mi chiamo Natalia. 내 이름은 나탈리아입니다.

"이름이 무엇입니까?"라고 물을 때는 의문부사 come를 사용한다. Come ti chiami?를 직역하면, "당신은 당신을 어떻게 부르나요?"가 된다. "내 이름은 ~입니다"는 mi chiamo 뒤에 자신의 이름을 말한다.

A: Come si chiama? 그/그녀의 이름은 무엇입니까?
B: Si chiama Alex/Fatima. 그의 이름은 알렉스입니다. / 그녀의 이름은 파티마입니다.

A: Signora, come si chiama? 부인, 성함이 어떻게 되세요?   (※ 존칭은 3인칭)
B: Mi chiamo Antonella. 제 이름은 안토넬라입니다.

B 관사

관사에는 정관사와 부정관사가 있으며, 모든 명사는 관사를 동반한다.

① 정관사

말하는 사람과 듣는 사람이 서로 알고 있는 대상 앞에 쓴다.

	남성 단수		남성 복수	
자음 앞	il	il ragazzo 젊은이 il cellulare 휴대전화	i	i ragazzi i cellulari
s+자음, z, pn, ps, gn, y 앞	lo	lo stadio 경기장 lo zaino 배낭 lo pneumatico 타이어 lo psicologo 심리학자 lo gnocco 뇨키 lo yoga 요가	gli	gli stadi gli zaini gli pneumatici gli psicologi gli gnocchi gli yoga
모음 앞	l' (lo의 모음 축약)	l'amico 친구 l'uomo 사람	gli	gli amici gli uomini

	여성 단수		여성 복수	
자음 앞	la	la ragazza 소녀 la casa 집	le	le ragazze le case
모음 앞	l' (la의 모음 축약)	l'amica 여자 친구 l'università* 대학	le	le amiche le università

* università 같이 단어의 끝모음에 악센트가 있는 단어들은 단수와 복수의 형태가 같다. 이때는 관사로 수를 구분한다. (cittá, caffè 등)

② 부정관사

말하는 사람과 듣는 사람 모두에게 새로운 대상이거나 또는 불특정한 대상 앞에 쓴다. 부정관사는 '하나'라는 뜻으로 원칙적으로 복수형이 없지만, 불특정한 수량을 말할 때 쓰는 부분관사를 부정관사의 복수로 사용한다. 부분관사는 전치관사 Unitá 6 참조 의 형태이며, '몇몇의', '몇 개의' 등으로 해석된다.

단어 gli gnocchi 뇨키(찐감자를 으깨어 계란과 밀가루를 넣어 반죽하여 끓는 물에 넣어 익힌 후, 건져내어 각종 소스를 얹어 먹는 이탈리안 요리)

		남성 단수			남성 복수
자음 앞	un	un cane 개 un tavolo 테이블	dei	dei cani dei tavoli
s+자음, z, pn, ps, y로 시작하는 단어 앞	uno	uno studente 학생 uno zaino 배낭 uno psicologo 심리학자	degli	degli studenti degli zaini degli psicologi
모음 앞	un	un amico 친구 un albero 나무	degli	delgi amici degli alberi

		여성 단수			여성 복수
자음 앞	una	una casa 집 una strada 길	delle	delle case delle strade delle amiche
모음 앞	un'	un'amica 친구(여자)		

ⓒ C'è/Ci sono ~

ci는 장소를 나타내는 부사로 essere 동사와 함께 쓰여 '(사람이나 사물)이 있다'는 의미를 나타낸다. C'è(=ci+è)는 영어의 there is에 해당하고, ci sono는 영어의 there are에 해당한다.

C'è il sole. 햇빛이 있습니다. (좋은 날씨입니다.)
C'è la penna. 펜이 있습니다.
C'è un quaderno. 공책이 한 권 있습니다.

Ci sono i quaderni. 공책들이 있습니다.
Ci sono le nuvole. 구름들이 있습니다.
Ci sono gli occhiali. 안경이 있습니다.

● 도서관   MP3 **02-2**

(la) biblioteca	도서관	(il) romanzo	소설
(il/la) bibliotecario/a	사서	(la) didattica	교육
(il) lettore	독자	(il) dizionario	사전
(la) libreria	책장	(il) giornale	신문
(il) tavolo	테이블	(la) rivista	잡지
(la) scrivania	책상	(la) ricerca su internet	인터넷 검색
(la) sedia	의자	(il) prestito del libro	대출
(la) bacheca	게시판	(la) restituzione del libro	반납
(la) libreria	책꽂이	(la) scadenza del prestito	연체
(il) libro	책		

연습문제

1. 다음 대화를 읽고 밑줄에 알맞은 단어를 쓰세요.

    (1) A Come si _____?

        B Si _____ Leonora.

    (2) A Come _____ chiami?

        B Mi _____ Marta.

    (3) A Signore, come _____ chiama?

        B _____ chiamo Massimo Renzi.

    (4) A Come ti _____?

        B _____ _____ Eunkyung.

2. 괄호 안에 알맞은 정관사를 쓰세요.

    (1) ( ) libro   (7) ( ) fumetto

    (2) ( ) riviste   (8) ( ) medico

    (3) ( ) romanzo   (9) ( ) lettori

    (4) ( ) amici   (10) ( ) cartelli

    (5) ( ) bibliotecaria (11) ( ) lavagna

    (6) ( ) dizionario   (12) ( ) ostacoli

단어 (l') ostacolo 장애물

3. 괄호 안에 알맞은 부정관사를 쓰세요.

(1) (　) scuola

(2) (　) straniero

(3) (　) autobus

(4) (　) isola

(5) (　) programma

(6) (　) chiave

(7) (　) zucchero

(8) (　) orecchio

(9) (　) birra

(10) (　) spazzolino

(11) (　) luce

(12) (　) ape

4. 대화를 듣고, 대화의 내용과 일치하면 V, 일치하지 않으면 F를 고르세요.　🔘 MP3 **02-3**

(1) Angela è un'amica di Giovanni.　　　　　　(V , F)

(2) Giovanni è un amico di Angela.　　　　　　(V , F)

(3) Angela è bibliotecaria.　　　　　　　　　　(V , F)

(4) Giovanni è bibliotecario.　　　　　　　　　(V , F)

· 이탈리아의 이모저모 ·

이탈리아(공식 명칭:이탈리아 공화국)는 유럽의 남쪽에 위치하며, 인구는 약 6천만 명이다. 화폐는 유로를 사용한다. 시간은 한국보다 8시간이 늦다.(여름에는 서머타임으로 7시간 차이가 난다.) 이탈리아는 20개의 지역으로 나뉘어져 있으며, 2개의 독립국가(산마리노 공화국, 바티칸시국)를 포함하고 있다. 북쪽 국경은 프랑스, 스위스, 오스트리아, 슬로베니아와 맞닿아 있는 반도 국가이다. 이탈리아는 로만 유물, 르네상스 시대의 작품들, 산꼭대기의 작은 마을들, 알프스 같은 눈 덮인 아름다운 산, 베네치아 같은 마술의 도시, 그리고 셀 수 없이 많은 거대한 교회들을 관광객들에게 선보이고 있다.

이탈리아에서는 다이어트가 어렵다. 이탈리아 요리는 이탈리아 전통 문화 중에서 빼놓을 수 없을 만큼 맛있고 다양하기 때문이다. 와인의 품질은 세계적으로도 유명하다.
이탈리아를 방문하기에 가장 좋은 계절은 봄(4월과 5월), 가을(9월 말에서 10월까지)이다.
꼭 한 번쯤 방문해 볼 만한 도시들은 로마, 피렌체, 베네치아, 나폴리, 폼페이, 밀라노, 시에나, 페루쟈, 팔레르모 등 셀 수 없이 많다. 관광객들에게 많이 알려진 도시 이외에 작은 산간 도시들조차도 하나의 유물처럼 그들만의 전통과 분위기가 있어, 그러한 도시를 방문해 보는 것도 좋다.

7월과 8월은 상당히 덥다(36~38℃). 날씨는 습하지 않고 건조하며 이 시기에 이탈리아를 여행할 경우, 아름다운 해안에서 수영을 하며 휴가를 보내기를 추천한다. 이탈리아 남쪽에는 시칠리아, 사르데냐 2개의 중요한 섬이 있다. 이 섬들은 한 번 보면 절대 잊을 수 없을 정도로 아름답다.

이탈리아의 공식 언어는 이탈리아어이다. 그러나 이탈리아에는 수많은 방언이 있다. 북쪽에 사는 이탈리아 사람들은 가끔 이탈리아의 다른 지역의 방언들을 잘 이해하지 못한다.

Quanti anni hai?

당신은 몇 살인가요?

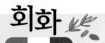

Lucia	**Ciao Davide!** 챠오, 다비데!
Davide	**Ciao Lucia.** 챠오 루치아.
Lucia	**Quanti anni hai?** 콴띠 안니 아이?
Davide	**Ho 22 anni, e tu?** 오 벤띠 두에 안니, 에 뚜?
Lucia	**Ho 24 anni. Ma tu, perché sei qui in Italia?** 오 벤띠 꽈뜨로 안니. 마 뚜, 뻬르케 세이 쿠이 인 이탈리아?
Davide	**Sono in Italia per studiare.** 소노 인 이탈리아 뻬르 스투디아레.
Lucia	**Che cosa studi?** 케 꼬자 스투디?
Davide	**Studio storia dell'arte. E tu, che cosa fai?** 스투디오 스토리아 델라르테. 에 뚜, 케 꼬자 파이?
Lucia	**Lavoro come barista in un bar.** 라보로 꼬메 바리스타 인 운 바르.
Davide	**Davvero? Adesso ho sete.** 다베로? 아데소 오 세테.
Lucia	**Sì, andiamo al bar a bere un succo di frutta.** 씨, 안디아모 알 바르 아 베레 운 수코 디 프루따.
Davide	**Andiamo!** 안디아모!

루치아	안녕하세요, 다비데.
다비데	안녕하세요, 루치아.
루치아	당신은 몇 살인가요?
다비데	나는 22살입니다, 당신은요?
루치아	나는 24살이에요, 그런데 당신은 여기 이탈리아에 왜 계신가요?
다비데	저는 이탈리아에서 공부합니다.
루치아	무슨 공부를 하나요?
다비데	미술사 공부를 합니다. 당신은요, 무슨 일을 하세요?
루치아	바에서 바리스타로 일합니다.
다비데	진짜요? 지금 저는 목이 말라요.
루치아	네, 주스 마시러 바에 갑시다.
다비데	갑시다!

□ anni 년, 해(anno의 복수형)   □ ma 그런데   □ perchè (의문부사) 왜
□ qui 여기에   □ per ~를 위하여   □ studiare 공부하다
□ storia dell'arte 미술사   □ (il/la) barista 바리스타   □ (il) bar 커피 바
□ davvero 진짜, 정말   □ adesso 지금   □ sete 목 마른
□ (il) succo di frutta 주스

A 동사의 변화(직설법 현재)

이탈리아어 동사의 원형은 어미가 –are, –ere, –ire로 끝나는 3가지 그룹으로 나뉘며, 주어의 인칭과 수에 따라 형태가 규칙적으로 변하는 규칙 동사와 불규칙적으로 변하는 불규칙 동사가 있다.

● 규칙 동사

	–are lavorare 일하다	–ere prendere ~을 취하다	–ire dormire 잠자다
io	lavoro	prendo	dormo
tu	lavori	prendi	dormi
lui/lei (존칭 Lei)	lavora	prende	dorme
noi	lavoriamo	prendiamo	dormiamo
voi	lavorate	prendete	dormite
loro	lavorano	prendono	dormono

Lavoro come* segretaria. 나는 비서로 일합니다.

Angela prende un caffè. 안젤라는 커피를 마십니다.

Luigi ed** io dormiamo in albergo. 루이지와 나는 호텔에서 잡니다.

* come는 '~로서'라는 뜻의 부사이다. 영어의 전치사 as에 해당하지만, 이탈리아어는 전치사가 아니라 부사이다.

** ed는 접속사 e와 같은 의미로, 뒤에 오는 단어가 모음으로 시작하면 e에 d를 붙여서 ed로 쓴다. 모음이 나란히 오면 발음하기가 어려워지는데, 이를 피하기 위한 이탈리아어만의 특징이다.

● 불규칙 동사

① 동사의 어근이 바뀌는 동사

	andare 가다	venire 오다/가다
io	vado	vengo
tu	vai	vieni
lui/lei (존칭 Lei)	va	viene
noi	andiamo	veniamo
voi	andate	venite
loro	vanno	vengono

단어 come ~로서, ~으로   (la) segretaria 비서

Vado al supermercato. 나는 슈퍼마켓에 갑니다.

Vengo al mare con te. 나는 당신과 바다에 갑니다.

② dire, fare, 어미가 –isc로 변하는 동사

	dire 말하다	fare 하다	finire 끝마치다
io	dico	faccio	finisco
tu	dici	fai	finisci
lui/lei (존칭 Lei)	dice	fa	finisce
noi	diciamo	facciamo	finiamo
voi	dite	fate	finite
loro	dicono	fanno	finiscono

Dico la verità. 나는 진실을 말합니다.

Faccio colazione. 나는 아침 식사를 합니다.

Finisco i compiti. 나는 숙제들을 끝마칩니다.

③ 어미가 –ire, –urre로 끝나는 동사

	uscire 나가다	salire 오르다	produrre 생산하다
io	esco	salgo	produco
tu	esci	sali	produci
lui/lei (존칭 Lei)	esce	sale	produce
noi	usciamo	saliamo	produciamo
voi	uscite	salite	producete
loro	escono	salgono	producono

Lucio esce di casa. 루치오는 집에서 나옵니다.

Laura e Gianfranco salgono le scale. 라우라와 쟌프랑코는 계단을 오릅니다.

La Fiat produce le automobili. 피아트는 자동차들을 생산합니다.

 (il) supermercato 슈퍼마켓   (il) mare 바다   (la) verità 진실   (la) colazione 아침 식사   (il) compito 숙제   (la) scala 계단
(l') automobile 자동차

④ 어미가 -ere로 끝나는 동사

	sceliere 선택하다	tenere 쥐다/유지하다	rimanere 남다
io	scelgo	tengo	rimango
tu	scegli	tieni	rimani
lui/lei (존칭 Lei)	sceglie	tiene	rimane
noi	scegliamo	teniamo	rimaniamo
voi	scegliete	tenete	rimanete
loro	scelgono	tengono	rimangono

Tu e Maria scegliete il titolo. 당신과 마리아는 제목을 선택합니다.

Stasera, rimango a casa. 나는 오늘밤에 집에 남아있습니다.

B avere 동사, fare 동사

● avere 동사

avere 동사는 '가지다'라는 뜻의 불규칙 동사로, essere 동사와 함께 가장 기본이 되는 동사이다. '가지다'라는 의미 외에도 아래와 같이 다양한 의미로 쓰인다.

io	tu	lui/lei (존칭 Lei)	noi	voi	loro
ho	hai	ha	abbiamo	avete	hanno

① 소유

Ho i libri. 나는 책들을 갖고 있습니다.

Lui ha un'idea. 그는 아이디어가 있습니다.

Noi abbiamo un quaderno. 우리는 공책을 갖고 있습니다.

Voi avete tre giorni per finire il compito. 당신들은 숙제를 마치는 데 3일이 있습니다.

(당신들은 3일 동안 숙제를 마칩니다.)

단어 (il) quaderno 공책

A: Quanti[*] anni hai? 당신은 몇 살인가요?

B: Io ho 29 anni. 나는 29살입니다.

* quanti는 '얼만큼의', '얼마나 많은'이라는 뜻의 의문형용사 quanto의 남성복수형이다. p.90 참조

② 옷을 입다

Maria oggi ha i pantaloni. 오늘 마리아는 바지를 입었습니다.

Giorgio ha il maglione blu. 조르죠는 푸른색 스웨터를 입었습니다.

③ 특정 상태를 말할 때

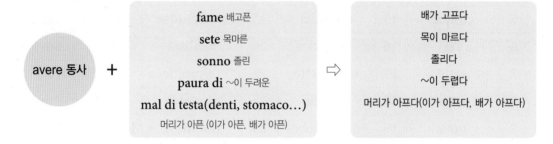

| avere 동사 + | fame 배고픈 / sete 목마른 / sonno 졸린 / paura di ~이 두려운 / mal di testa(denti, stomaco...) 머리가 아픈 (이가 아픈, 배가 아픈) | ⇨ | 배가 고프다 / 목이 마르다 / 졸리다 / ~이 두렵다 / 머리가 아프다(이가 아프다, 배가 아프다) |

A: Hai fame? 당신은 배가 고픈가요?

B: Sì, ho fame. 네, 나는 배가 고픕니다.

● fare 동사

fare 동사는 '~을 하다'라는 의미이다. 다양하게 사용되니 확실하게 익혀 두어야 한다. 상황에 맞는 정확한 동사가 기억나지 않는 경우에, fare 동사를 사용하면 편리하다.

fare 동사는 불규칙 변화동사이다. 동사변화는 p.45 참조

A: Che cosa fai? 당신은 무슨 일을 하시나요?

B: Io faccio l'insegnante. 나는 교사로 일합니다.

A: Che lavoro fai? 당신은 무슨 일을 하시나요?

B: Io lavoro come meccanico. 나는 자동차 수리공입니다.

단어 oggi 오늘   (i) pantaloni 바지   (il) maglione 스웨터   che (cosa) 어떤, 무엇, 무슨   (l') insegnante 교사   (il) meccanico 자동차 정비공

ⓒ 기수

기수는 1, 2, 3, 4,⋯ 에 해당하는 숫자를 말한다. 기수는 뒤에 오는 명사의 성과 수에 영향을 받지 않는다.

0	zèro	10	deci	20	venti	30	trenta
1	uno	11	undici	21	ventuno	40	quaranta
2	due	12	dodici	22	ventidue	50	cinquanta
3	tre	13	tredici	23	ventitre	60	sessanta
4	quattro	14	quattordici	24	ventiquattro	70	settanta
5	cinque	15	quindici	25	venticinque	80	ottanta
6	sei	16	sedici	26	ventisei	90	novanta
7	sette	17	diciassette	27	ventisette	100	cento
8	otto	18	diciotto	28	ventotto	1000	mille
9	nove	19	diciannove	29	ventinove	100000	centomila

① 숫자 뒤에 명사가 올 때 uno만 부정관사처럼 형태가 변한다.

un libro 책 한 권   **un'idea** 아이디어   **una maglietta** 스웨터 한 벌   **uno studente** 학생 한 명

② 1000에 해당하는 mille의 복수형은 mila이다. 즉, 1000은 mille, 2000은 duemila, 3000은 tremila가 된다. 그 외에는 형태가 달라지지 않는다.
기수 자체는 명사의 성과 수에 영향을 받지 않지만 숫자 다음에 오는 명사는 성과 수에 일치시켜야 한다.

tre bicchieri (컵 3개), **una torta** (케이크 1개), **mille persone** (1,000명), **duemila persone** (2,000명)

● 규칙 동사

MP3 **03-2**

–are	–ere	–ire
abitare 거주하다	chiudere 닫다	aprire 열다
camminare 걷다	conoscere 알다 (인지하다)	offrire 제공하다 (대접하다)
incontrare 만나다	leggere 읽다	partire 출발하다
viaggiare 여행하다	scrivere 쓰다	soffrire 고통 받다

● 불규칙 동사 (※ 동사변화는 교재 뒤 부록의 동사변화표 참고)

apparire	등장하다(나타나다)	togliere	제외하다, 빼다
bere	마시다	costruire	건설하다
muovere	움직이다	sapere	알다
morire	죽다	rimanere	남다
sedere	앉다	cuocere	익히다, 굽다
pulire	청소하다	spegnere	(불을) 끄다

● fare 동사 + 명사

fare 동사	colazione	아침 식사를 하다
	la doccia	샤워를 하다
	un giro	한 바퀴 돌다
	una passeggiata	산책하다
	il bagno	수영하다(목욕하다)
	ginnastica	운동하다
	una domanda	질문하다
	un regalo	선물하다
	la spesa	쇼핑하다, 장보다

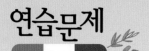

연습문제

1. 다음 빈칸에 주어진 규칙 동사의 알맞은 형태를 쓰세요.

(1) Laura e Michele _____ in via Saccagnana. (abitare)

(2) Noi _____ per la strada. (camminare)

(3) Tu _____ il caffè? (offrire)

(4) Voi _____ spesso? (viaggiare)

(5) Io _____ il libro. (leggere)

(6) Francesca e Matteo _____ un'e-mail. (scrivere)

(7) Tu e Cristina _____ l'inglese. (conoscere)

(8) Il dottore Zebellin _____ la finestra. (aprire)

2. 다음 빈칸에 주어진 불규칙 동사의 알맞은 형태를 쓰세요.

(1) Voi _____ presto? (uscire)

(2) Tu _____ da noi fino a tardi? (rimanere)

(3) Alessandra ed io _____ le scale. (salire)

(4) Marco ed Andrea _____ il fuoco. (spegnere)

(5) Giuseppe _____ il lavoro. (finire)

(6) La gente _____ la veritá. (dire)

(7) Oggi pomeriggio, io _____ la spesa. (fare)

(8) Ivan ed Anna _____ i pomodori. (produrre)

단어 per la strada 길에서 spesso 자주 (la) email 이메일 (la) finestra 창문 presto 빨리 fino a tardi 늦게까지
(il) fuoco 불 (il) lavoro 일 (la) spesa 쇼핑 (장보기) (il) pomodoro 토마토

3. 다음 한국어를 이탈리아어로 쓰세요.

(1) *Ivan:* (마티아는 몇 살인가요?)   ▶ _____

    Leonardo: **Ha ventinove anni.**

(2) *Mattia:* (레오나르도, 당신은 몇 살인가요?)   ▶ _____

    Leonardo: (나는 30살입니다.)   ▶ _____

(3) *Ivan:* (당신은 무슨 일을 하시나요?)   ▶ _____

    Leonardo: (저는 선생으로 일합니다.)   ▶ _____

(4) *Ivan:* (마티아는 무엇을 하나요?)   ▶ _____

    Leonardo: (그는 공부합니다.)   ▶ _____

4. 대화를 듣고, 대화의 내용과 일치하면 V, 일치하지 않으면 F를 고르세요.   🔊 MP3 03-3

(1) Alfredo lavora come infermiere.   (V , F)

(2) Manuela fa l'infermiera.   (V , F)

(3) Alfredo ha 32 anni.   (V , F)

(4) Manuela studia storia dell'arte.   (V , F)

단어 infermiere/a 간호사

·이탈리아 요리·

이탈리아 요리는 그 기원이 기원전 4세기까지 거슬러 올라가며, 이후 세월에 따라 정치적 사회적 변화기를 거치며 발달했으며, 고대 그리스, 고대 로마, 비잔틴, 히브리, 아라비아 및 노르망디의 요리에서 영향을 받았다. 이탈리아의 요리는 새로운 세계의 발견과 함께 감자, 토마토 그리고 고추 같은 재료의 도입으로 중요한 변화가 있었다. 이러한 재료들은, 지금은 이탈리아 요리의 기본이 되었지만, 소개된 것은 18세기로, 그 역사가 짧다. 이탈리아 요리는 특히 맛, 양념 등 지방마다 다른 특색을 갖고 있다. 이러한 이탈리아 요리는 세계 여러 나라 요리에 영향을 끼치며 세계적으로 유명해졌다. 이탈리아 요리는 미국의 CNN방송을 통해 처음으로 세계적으로 알려지기 시작했다.

이탈리아 요리의 기본적인 특징은 단순함이다. 수많은 요리들이 4~8가지 재료만을 사용한다. 요리와 요리법은 요리사들이 아닌 할머니들이 종종 만들어냈고, 바로 이점 때문에 수많은 요리법들은 가정 주부들의 비법에서 차용해 왔다. 오래 전에는 그 지역에서만 알려졌던 수많은 요리들이 교통의 발달로 지금은 국제적으로 널리 알려졌다.

이탈리아 치즈와 와인은 DOC(Denominazione di origine controllata의 약자로 원산지 확인, 품질검증 통과표기이다) 표기와 함께 수많은 변화와 올바른 설명서들이 발행되면서 요리의 중요한 요소로 알려졌다. 또한 커피, 특히 이탈리아 에스프레소는 이탈리아 요리에서 빠져서는 안 될 중요한 요소가 되었다.

Unità

4

Come stai?

기분이 어떠세요?

주요 문법

- stare 동사
- 형용사의 성과 수 : piccolo, grande, buono, bello
- 감탄문

Mirko	**Ciao Erika, come stai?** 챠오 에리카, 꼬메 스타이?
Erika	**Abbastanza bene, grazie! E tu?** 아바스탄짜 베네, 그라찌에! 에 뚜?
Mirko	**Anch'io! Ciao Giorgio, come stai?** 앙키오! 챠오 조르지오, 꼬메 스타이?
Giorgio	**Ciao a tutti! Sto bene. Che cosa fate?** 챠오 아 뚜띠! 스토 베네. 케 꼬자 파떼?
Erika	**Adesso noi prepariamo un buon piatto.** 아데쏘, 노이 프레파리아모 운 부온 피아또.
Giorgio	**Che bello! Ci sono tante cose buone.** 케 벨로! 치 소노 딴떼 꼬제 부오네.
Mirko	**Sì, ci sono gli spaghetti alle vongole, c'è la zuppa di zucca e c'è il risotto .** 씨, 치 소노 (글)리 스파게띠 알레 봉골레, 체 라 주빠 디 주까 에 체일 리조또.
Giorgio	**Mamma mia! C'è anche il tiramisù.** 맘마 미아! 체 앙케 일 티라미수.
Erika	**Non usciamo e mangiamo a casa!** 논 우쉬아모 에 만쟈모 아 까자!
Giorgio	**Come no!** 꼬메 노!

미르코	안녕, 에리카, 기분이 어때?
에리카	그럭저럭 괜찮아, 고마워! 너는?
미르코	나도 괜찮아, 안녕 죠르죠, 기분이 어떠니?
죠르죠	모두 다 안녕! 나는 기분 좋아. 너희 뭐하니?
에리카	지금 우리는 맛있는 음식을 준비해.
죠르죠	멋지다! 맛있는 것들이 많네.
미르코	응, 조개 넣은 스파게티, 호박죽, 그리고 리조또도 있어.
죠르죠	세상에나! 티라미수도 있네.
에리카	우리 외출하지 말고 집에서 식사하자!
죠르죠	왜 아니겠어!

□ tutto 모두
□ (il) piatto 접시, 음식
□ (la) zuppa 죽
□ (il) tiramisú 티라미수
□ (la) cosa 물건 (영어의 thing)
□ tante 많은
□ (la) zucca 호박
□ uscire 나가다
□ preparare 준비하다
□ (le) vongole 조개
□ (il) risotto 리조또
□ mangiare 먹다

Ⓐ stare 동사

stare 동사는 '~이다', '~이 있다'라는 뜻의 불규칙 동사로, 부사와 함께 사용하여 신체적·심리적 상태를 표현한다. 부사는 성·수에 따른 형태 변화를 하지 않는다.

io	tu	lui/lei (존칭 Lei)	noi	voi	loro
sto	stai	sta	stiamo	state	stanno

● stare 동사 + 부사

Sto bene. 나는 기분이 좋습니다.

Angela sta poco bene. 안젤라는 아픕니다.

Maria e Paolo stanno molto bene. 마리아와 파올로는 기분이 아주 좋습니다.

Stiamo abbastanza bene. 우리는 기분이 충분히 좋습니다.

State male? 당신들은 아픈가요?

● come + stare 동사?

come는 '어떻게'라는 뜻의 의문부사로, 'come+stare 동사?'의 형태를 쓰면 "기분이 어떠세요?", "잘 지내세요?"와 같이 기분이나 상태를 묻는 표현이 된다.

A: Ciao, come stai? 안녕하세요. 당신은 어떻게 지내세요?

B: Ciao, sto bene, grazie. E tu? 안녕하세요, 저는 잘 지냅니다. 감사합니다. 당신은 어떠세요?

A: Buongiorno signora, come sta? 안녕하세요 부인, 기분은 어떠신지요?

B: Buongiorno, sto poco bene, purtroppo. E Lei? 안녕하세요, 몸이 좀 안 좋습니다, 당신은요?

A: Ciao Vincenzo, Enrico come sta? 안녕 빈첸조, 엔리코는 어때?

B: Ciao, lui sta male, ha il raffreddore. 안녕. 그는 아파. 감기에 걸렸어.

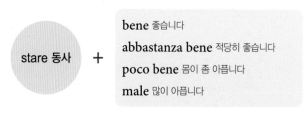

stare 동사 +

bene 좋습니다
abbastanza bene 적당히 좋습니다
poco bene 몸이 좀 아픕니다
male 많이 아픕니다

※ "그저 그렇다"는 così così라고 한다.

단어 purtroppo 불행하게도

Ⓑ 형용사의 성과 수

형용사는 명사를 수식하거나, **essere** 동사와 결합하여 서술어 역할을 한다. 형용사가 명사를 수식할 때에는 수식하는 명사의 성과 수에 따라 어미가 달라진다. 이때 어미가 규칙적으로 변하면 규칙 형용사, 불규칙적으로 변하면 불규칙 형용사가 된다.

형용사는 일반적으로 명사 뒤에 온다. 그러나 piccolo(작은), grande(큰), buono(좋은), bello(예쁜), vecchio(늙은), giovane(젊은), lungo(긴), bravo(훌륭한), brutto(못생긴), breve(간단한) 등의 형용사는 자주 명사 앞에 위치하기도 한다.

> 관사 + 형용사 + 명사: 형용사를 강조 / 관사 + 명사 + 형용사: 명사를 강조

● 규칙 형용사

① 어미가 –o 인 형용사

[piccolo 작은]

	단수	복수
남성	–o: piccolo	–i: piccoli
여성	–a: piccola	–e: piccole

ragazzo piccolo 작은 소년   ragazzi piccoli 작은 소년들
ragazza piccola 작은 소녀   ragazze piccole 작은 소녀들

② 어미가 –e 인 형용사

[grande 큰]

	단수	복수
남성	–e: grande	–i: grandi
여성		

ragazzo grande 큰 소년   ragazzi grandi 큰 소년들
ragazza grande 큰 소녀   ragazze grandi 큰 소녀들

● 불규칙 형용사

① **buono 좋은, 착한(영어의 good):** 단수형은 어미가 부정관사처럼 변한다.

	단수		복수	
남성	(un) buon (uno) buono	buon ragazzo 좋은 청년 buono studente 좋은 학생	buoni	buoni ragazzi 좋은 청년들
여성	(una) buona (un') buon'	buona ragazza 좋은 아가씨 buon'amica 좋은 친구(여자)	buone	buone amiche 좋은 친구들(여자)

* buono의 복수형은 모음 앞에서 어미 모음을 축약하지 않는다.

Pietro è un buon ragazzo. 피에트로는 좋은 청년입니다. (피에트로는 훌륭한 청년이다.)
Pietro è un ragazzo buono. 피에트로는 착한 청년입니다. (피에트로는 좋은 청년이다.)
Pietro è un buon amico. 피에트로는 착한 친구입니다.
Luigi è un buon studente. 루이지는 착한 학생입니다.
Pietro e Luigi sono buoni ragazzi. 피에트로와 루이지는 착한 청년들입니다.

Silvia è una buona ragazza. 실비아는 착한 소녀입니다.
Elena è una buon'amica. 엘레나는 착한 친구입니다.
Silvia ed Elena sono buone amiche. 실비아와 엘레나는 착한 친구들입니다.

② **bello 예쁜, 잘생긴, 멋진:** 어미가 정관사처럼 변한다.

	단수		복수	
남성	(il) bel (lo) bello (l') bell'	bel ragazzo 잘생긴 청년 bello stadio 멋진 경기장 bell'amico 멋진 친구	(i) bei (gli) begli	bei ragazzi 잘생긴 청년들 begli stadi 멋진 경기장들 begli amici 멋진 친구들

여성	(la) bella (l') bell'	bella ragazza 예쁜 아가씨 bell'amica 예쁜 친구(여자)	(le) belle	belle ragazze 예쁜 아가씨들 belle amiche 예쁜 친구들(여자)

Federico è un bel ragazzo. 페데리코는 미남입니다.
Giuseppe e Riccardo sono bei ragazzi. 주세뻬와 리카르도는 미남들입니다.

buono, bello가 명사 뒤에 올 경우에는 buono, buona, buoni, buone, bello, bella, belli(bei가 명사 뒤에 올 때), belle 각각 4가지 형태만 사용한다.

I ragazzi buoni sono ragazzi belli. 그 착한 청년들이 미남들입니다.
Le ragazze buone sono ragazze belle. 그 착한 소녀들이 미녀들입니다.

C 감탄문

기쁨, 실망, 놀라움 등의 감정을 표현하는 문장으로, 다음과 같은 형식으로 쓴다.

> che + 형용사 + 명사!   che + 형용사!   che + 명사!

● **기쁨을 표현**

Che bello! 와 멋지다!
Che fortuna! 운 좋다!
Che bella idea! 좋은 생각이다!
Che bella notizia! 좋은 소식이다!
Che bella giornata! 날씨 좋다!
Che bella sorpresa! 깜짝 소식이다!(좋은 의미)

● **후회와 실망의 표현**

Che peccato! 아쉽다!
Che brutta notizia! 나쁜 소식이군!

단어 (la) fortuna 행운   (l') idea 생각   (la) notizia 소식   (la) giornata 하루   (la) sorpresa 놀라움   peccato 애석한지고
brutto 나쁜, 못생긴

Che brutta giornata! 좋지 않은 날이다!

Che traffico! 도로가 꽉 막혔네!

* 느낌표는 일반적으로 감탄을 표현하는 말 앞에 쓰지만, 문장 끝에 쓰기도 한다.

Cattivo! Non hai pietà di tua madre. 못됐네! 네 어머니가 불쌍하지도 않냐.

Cattivo, non hai pietà di tua madre!

● 그 밖의 감탄사들

Beato te! 당신은 축복 받았군요!	Via! 가!
Coraggio! 용기를 내!	Peccato! 안됐다! 아쉽다!
Silenzio! 조용히!	Accidenti! 맙소사!
Diavolo! 악마 같으니!	Dio mio! 하느님 맙소사!
Guai! 큰일이다!	Che guaio! 큰일이다!
Bravo/a! 잘했어!	Povero me! 불쌍한지고! (내가 불쌍하다)
Zitto/a! 입 다물어!	

단어   (il) traffico 교통체증   cattivo 못된   pietà 동정   (il) diavolo 악마   Dio 신   (il) guaio 문제   povero 불쌍한, 가난한   zittire 조용히 하다

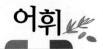

● 음식   MP3 04-2

(il) cibo	음식	(la) verdura	야채
(la) pasta	파스타	(l') insalata	샐러드
(gli) spaghetti	스파게티	(la) frittata	오믈렛
(la) salsa/ (il) sugo	소스	(il) biscotto	비스킷
(la) zuppa	죽	(il) burro	버터
(il) pane	빵	(la) marmellata	잼
(il) formaggio	치즈	(la) farina	밀가루
(la) carne	육류	(lo) zucchero	설탕
(il) pollo	닭고기	(il) sale	소금
(il) pesce	생선	(l') uovo	달걀

● 형용사

bello/a/i/e	멋진	povero/a/i/e	불쌍한
carino/a/i/e	귀여운	fortunato/a/i/e	행운인
bravo/a/i/e	훌륭한	duro/a/i/e	단단한
brutto/a/i/e	못생긴	impegnato/a/i/e	일이 많은
simpatico/a/i/he	공감이 가는	imprevisto/a/i/e	예상하지 못한
antipatico/a/i/he	공감이 가지 않는	ricco/a/hi/he	부자인
piccolo/a/i/e	작은	noioso/a/i/e	지루한
solo/a/i/e	혼자	timido/a/i/e	소심한
alto/a/i/e	큰	stupido/a/i/e	멍청한
basso/a/i/e	낮은, 작은	intelligente/i	영리한

연습문제

1. 주어진 말을 이탈리아어로 써서 대화를 완성하세요.

(1) A Come stai?

   B _____ (기분 좋아, 고마워, 넌?)

(2) A _____ (너희들 기분이 어떠니?)

   B Noi stiamo abbastanza bene, grazie.

(3) A Antonio come sta?

   B _____ (그는 몸이 좀 안 좋아.)

(4) A _____ (부인, 기분이 어떠신가요?)

   B Sto bene, grazie, e Lei?

2. 빈칸에 형용사의 알맞은 형태를 쓰세요.

(1) un _____ albergo (bello)

(2) un albergo _____ (bello)

(3) un _____ amico (buono)

(4) un'amica _____ (buono)

(5) un _____ spazio (grande)

(6) una casa _____ (grande)

(7) una _____ donna (piccolo)

(8) un_____ albero (piccolo)

단어 (la) signora 숙녀/부인   (il) signore 신사

3. 다음 문장을 읽고 틀린 곳을 바르게 고치세요.

(1) Valerio è una persona fortunato.

▶ _____

(2) Nicole ha un grandi quaderno.

▶ _____

(3) Io sono un ragazzo bella.

▶ _____

(4) Paola e Alex sono simpatico.

▶ _____

4. 대화를 듣고, 대화의 내용과 일치하면 V, 일치하지 않으면 F를 고르세요.　　　🔊 MP3 **04-3**

(1) La signora ha mal di testa.　　　　　　　　　　(V , F)

(2) Il dottore sta poco bene.　　　　　　　　　　(V , F)

(3) La signora ha la febbre.　　　　　　　　　　(V , F)

(4) Il dottore da alla signora la medicina.　　　　(V , F)

단어 simpatico 공감하는, 동정적인　subito 곧장　(la) medicina 약

Cultura · 이탈리안 아침 식사 ·

이탈리아아인들의 전통적인 아침 식사는 유럽식으로, 영국과 아일랜드의 아침 식사와는 다르다. 이탈리아의 전통 아침 식사는 우유 또는 따뜻한 라떼와 잼을 곁들인 빵과 샌드위치 또는 단순히 에스프레소만으로 간단하게 구성된다. 그래서 첫 아침 식사(prima colazione) 혹은 그냥 아침 식사(colazione)로 언급된다. 아침 식사로는 페떼 비스코따떼(fette biscottate, 바삭하게 구운 식빵)와 비스킷이 가장 대중적이며, 페떼 비스코따떼는 버터나 잼을 발라 먹는다. 아이들은 보통 따뜻한 초콜릿, 신선한 우유, 아니면 커피를 아주 조금 넣은 따뜻한 우유를 마신다.

대부분의 이탈리아아인들은 바에서 아침 식사를 한다.
경기가 불황일 때에도 이탈리아아인들은 바에서 아침 식사 하는 것을 포기하지 않는다. 이탈리아 어느 지역을 가든지, 아침의 커피 바는 아침 식사를 하는 사람들로 북적인다. 세계적인 불황 속에서도 이탈리아아인들은 커피와 꼬르네또(cornetto, 크로와상)를 포기하지 않는다.

바에서는 달그락거리는 카푸치노 도자기잔 소리를 들으며 북적거리는 사람들 사이에서 아침 식사를 하게 된다. 그닥 친하지 않더라도 사람들 사이에 미소를 주고 받고, 자주 가는 바에서는 바리스타와 일상적인 이야기를 주고 받는 친숙한 관계가 이루어지기도 한다.

아침 식사는 주로 카푸치노와 단 음식(dolce, 돌체)과 꼬르네또(프랑스와 유럽에서는 브리오슈, 크로와상 혹은 그와 비슷한 파스타 등)를 먹거나, 에스쁘레소(espresso)와 간단한 간식을 먹는다(un dolce da pasticceria).

요즘 이탈리아아인들은 아침 식사로 곡물, 마체도니아(macedonia, 과일을 잘게 잘라 설탕에 절인 것), 무에슬리(muesli, 그라놀라, 견과류를 넣은 볶은 곡물)와 야쿠르트를 점점 더 찾고 있다.

Vado all'ufficio postale.

나는 우체국에 갑니다.

주요 문법

- andare 동사, venire 동사
- 전치사

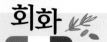

Valeria	Ciao, Federico, dove vai?
	챠오, 페데리코, 도베 바이?
Federico	Ciao, vado all'ufficio postale. E tu, dove vai?
	챠오, 바도 알루피쵸 포스탈레. 에 뚜, 도베 바이?
Valeria	Vado alla stazione dei treni.
	바도 알라 스타찌오네 데이 트레니.
Federico	Perché?
	뻬르케?
Valeria	Arrivano le mie sorelle.
	아리바노 레 미에 소렐레.
Federico	Da dove vengono?
	다 도베 벵고노?
Valeria	Vengono da Siena.
	벵고노 다 시에나.
Federico	Allora, studiano a Siena?
	알로라, 스투디아노 아 시에나?
Valeira	Sì, tutte e due studiano all'università.
	씨, 뚜떼 에 두에 스투디아노 알루니베르시타
Federico	Stasera andate al ristorante?
	스타쎄라 안다떼 알 리스토란떼?
Valeria	No, andiamo in pizzeria. Vieni con noi?
	노, 안디아모 인 피제리아. 비에니 콘 노이?
Federico	Sì, volentieri. Ci vediamo stasera.
	씨, 볼렌티에리. 치 베디아모 스타쎄라.

발레리아	안녕, 페데리코, 어디 가니?
페데리코	안녕, 나 우체국 가. 너는 어디 가니?
발레리아	나는 기차역에 가.
페데리코	왜?
발레리아	내 자매들이 도착해.
페데리코	그들은 어디에서 오는데?
발레리아	시에나에서 와.
페데리코	그러면, 그들은 시에나에서 공부하니?
발레리아	응, 둘 다 대학에서 공부해.
페데리코	오늘 저녁에 레스토랑에 가겠네?
발레리아	아니, 피자집에 가. 우리와 같이 갈래?
페데리코	기꺼이 그럴게, 저녁에 보자.

☐ (l') ufficio postale 우체국 ☐ (la) stazione dei treni 기차역 ☐ perchè (의문부사) 왜

☐ (la) sorella 자매 ☐ allora 그러면/그래서 ☐ stasera 오늘밤

☐ (il) ristorante 식당 ☐ (la) pizzeria 피자 식당 ☐ volentieri 기꺼이

A andare 동사, venire 동사

andare 동사와 venire 동사는 각각 '가다(영어의 go)', '오다(영어의 come)'라는 뜻의 불규칙 동사이다.

● andare 동사

'한 장소에서 다른 장소로 움직여 가다', 즉 장소를 이동하여 움직이는 경우에 사용한다. 장소에 따라 다양한 전치사를 동반한다.

io	tu	lui/lei (존칭 Lei)	noi	voi	loro
vado	vai	va	andiamo	andate	vanno

① **andare + in + 장소** (~에 가다)

Vado in ufficio. 나는 사무실에 갑니다. (일하러 간다.)

Andate in pizzeria. 당신들은 피자 식당에 갑니다. (식당에 식사하러 간다.)

Luciano va in farmacia. 루치아노는 약국에 갑니다. (약국에서 약을 산다.)

Tutte le domeniche vanno in chiesa. 일요일 마다 교회에 갑니다. (미사 드리러 간다.)

'어떤 도시에 간다'는 andare a ~, '어떤 나라에 간다'는 andare in ~을 쓴다.

Vado a Roma. 나는 로마에 간다.   Vado in Italia. 나는 이탈리아에 간다.

② **andare + da + 명사/대명사(사람 이름/인칭대명사)** (~의 집에 가다)

Vado da Mario. 나는 마리오 집에 갑니다.

Andiamo tutti da lui. 우리는 모두 그의 집에 갑니다.

Andate a cena da Luigi? 당신들은 루이지 집에 저녁 식사하러 갑니까?

③ **andare + da + 관사 + 직업명사** (~에/에게 가다)

Vado dal dottore. 나는 병원에 갑니다. (나는 의사에게 갑니다.)

Vado dalla dottoressa. 나는 여의사가 있는 병원에 갑니다.

Vado dal professore. 나는 교수님께 갑니다.

  * 남성과 여성에 따라 관사가 달라진다는 점에 주의하자! dal, dalla는 전치관사 **p. 80 참조**

단어 (la) farmacia 약국   (la) chiesa 교회   tutto 모두   cena 저녁식사

④ **andare + a + 동사 원형** (〜하러 가다)

　　Vado a mangiare. 나는 식사하러 갑니다.

　　Vado a studiare l'italiano. 나는 이탈리아어를 배우러 갑니다.

　　Vado a dormire. 나는 자러 갑니다.

　　Andiamo a fare una passeggiata? 우리 산책하러 갈까요?

stare 동사 대신에 andare 동사의 3인칭 단수형을 사용하기도 한다.

　　Come va? = Come stai? 오늘 어떠세요?

　　☞ come va?와 come stai?는 의미가 약간 다르다. 'come+stare 동사'가 기분이 어떤지를 묻는 것이라면, come va는 기분, 건강, 일의 진행상황 등 전반적인 상황이 어떤지를 묻는 것이라고 할 수 있다. andare 동사의 3인칭 단수 va를 사용하였다.(2인칭이 아니다.) 따라서 상대의 기분을 묻는 단순한 질문이 아니다. 대답은, sto bene, va tutto bene (다 괜찮아요) 등으로 할 수 있다.

　　Va bene. = Sto bene. 괜찮습니다.

　　☞ 이때 andare 동사는 '적절하다'는 의미로 영어의 be okay의 뜻이다. 일의 진행상황이 순조로운 것을 표현할 때도 "Va bene"라고 한다.

　　A: Studiamo insieme oggi pomeriggio? 오늘 오후에 우리 함께 공부할까?

　　B: Sì, va bene. 응, 좋아.

　　☞ 여기서 va bene는 OK의 의미이다.

● **venire 동사**

말하는 사람이 상대방이 있는 곳으로 가거나, 상대방이 갈 예정인 곳에 동행하는 상황에서 사용한다.

io	tu	lui/lei (존칭 Lei)	noi	voi	loro
vengo	vieni	viene	veniamo	venite	vengono

Vengo a Milano. 나는 밀라노에 간다. (상대방은 이미 밀라노에 있고, 내가 가면 만날 수 있는 상황)

Domani sera vengo al cinema. 내일 밤에 극장에 간다. (상대방도 내일 밤에 극장에 갈 거고, 내가 가면 만날 수 있는 상황)

단어 (la) passeggiata 산책

A: Vado al mare. 나 바다에 가.

B: Vengo con te. 너와 같이 갈래.

① venire + da + 명사/대명사 (~에서 오다)

Vengo da Roma. 나는 로마에서 온다.

Vengo dalla casa di Mario. 나는 마리오의 집에서 온다.

A: Rafael, da dove vieni? 라파엘, 당신은 어디서 왔어요?

B: Dal Brasile, sono di San Paolo. 나는 브라질, 상 파울로에서 왔습니다.

※ di dove + essere? 와 da dove + venire?는 국적을 묻는 질문으로 혼용하여 사용할 수 있다.

다음의 경우, venire da te는 '당신에게 가다'라는 의미이다.

  A: Dove sei adesso? 당신 지금 어디 있나요?

  B: Sono alla Feltrinelli. 펠트리넬리에 있습니다.

  A: Bello! Vengo da te. 잘됐네요! 당신이 있는 곳으로 가겠습니다.

② venire + a + 동사원형 (~하러 가다)

Vengo a mangiare con te. 당신과 식사를 하러 가겠습니다.

Venite a nuotare al mare con noi? (당신들) 우리와 함께 수영하러 바다에 갈래요?

③ andare 동사와 venire 동사를 함께 사용할 때

vanno e vengono 오고 가는

La voce va e viene. 소리가 나다 안 나다 한다.

단어   al ~에(전치관사)   te 당신(tu의 목적격)   Feltrinelli 이탈리아의 가장 큰 서점 이름   nuotare 수영하다   (la) voce 목소리

B 전치사

이탈리아어의 전치사는 총 9개가 있다. 전치사 다음에는 명사, 대명사, 부사 혹은 동사원형이 올 수 있으며, 성·수의 영향을 받지 않는다.

di	~의, ~로부터 (영어의 of)	su	~위에 (영어의 on/upon/about)
a	~에게, ~에 (영어의 to/at/by)	in	~안에 (영어의 in/into)
da	~로부터 (영어의 from/at/by/to)	per	~를 위하여 (영어의 for/to/through)
con	~와 함께 (영어의 with/by)	tra, fra	~사이에서 (영어의 between/among)

※ 전치사 하나는 여러 가지 의미를 갖고 있어서, 위 표에 정리한 뜻이 유일한 것은 아니다.

※ fra와 tra는 같은 의미이다. 이탈리아어는 같은 음이 겹치는 것을 싫어하기 때문에, f로 시작되는 단어 앞에는 tra를 쓰고, t로 시작되는 단어 앞에는 fra를 쓴다. 그 외에는 tra와 fra를 모두 사용할 수 있다.

Stefano è un professore di storia. 스테파노는 역사 교수입니다.

Fabio va a casa. 파비오는 집에 갑니다.

John viene da Londra. 존은 런던에서 옵니다.

Vado con Marco. 나는 마르코와 함께 갑니다.

Il libro è sul tavolo. 책이 테이블 위에 있습니다.

Andiamo in Italia. 우리는 이탈리아에 갑니다.

Partiamo per Napoli. 우리는 나폴리로 출발합니다.

Lavoro fra (tra) Roma e Venezia. 나는 로마와 베네치아 사이에서 일합니다.

※ andare 동사 / venire 동사 + 전치사

andare + a	venire + a
• andare a piedi 걸어서 가다	• venire a casa/scuola 집에/학교에 오다
• andare a Roma 로마에 가다(도시 이름 앞)	• venire a Napoli 나폴리에 오다(도시 이름 앞)
• andare a lavorare/leggere/dormire 일하러/읽으러/자러 가다(동사원형 앞)	• venire a studiare/vedere/pulire 공부하러/보러/청소하러 오다(동사원형 앞)

andare + in	venire + in
• andare in Olanda/Toscana/Sicilia 네덜란드에/토스카나에/시칠리아에 가다(나라 이름, 지방 이름 앞)	• venire in Germania/Emilia Romagna 독일에/에밀랴 로마냐에 오다(나라 이름, 지방 이름 앞)
• andare in città/banca/centro 도시에/은행에/시내에 가다	• venire in farmacia/ospedale/discoteca 약국에/병원에/디스코장에 오다
• andare in treno/bicicletta 기차로/자전거로 가다(대중교통 앞)	• venire in autobus/moto 버스로/오토바이로 오다(대중교통 앞)
• andare in vacanza 휴가 가다	• venire in campagna/montagna 시골에/산에 오다

andare + con	venire + con
• andare con il treno espresso 고속 열차로 가다	• venire con piacere/gioa 기꺼이/기쁘게 오다

andare + da	venire + da
• andare da Pietro/un amico 피에트로 집에/친구 집에 가다(사람 이름 앞)	• venire da Paolo/un amico 파올로 집에/친구 집에 오다(사람 이름 앞)
• andare da Lodi a Milano a piedi 로디에서 밀라노까지 걸어서 가다	• venire da Firenze/Mosca 피렌체에서/모스크바에서 오다

☞ 교통수단을 말할 때는 '전치사 con/in + 교통수단'의 형식으로 말한다. con을 사용할 때는 교통수단 앞에 반드시 관사가 있어야 하고, in은 관사 없이 사용한다.

● 장소(~에 가다, ~하러 가다)　　　　　　　　　　　MP3 **05-2**

banca	은행	andare in banca
ufficio postale	우체국	andare all'ufficio postale
biblioteca	도서관	andare in biblioteca
libreria	서점	andare in libreria
tabaccheria	담배 가게	andare in tabaccheria
panificio	빵 가게	andare in panificio
pasticceria	디저트 가게	andare in pasticceria
macelleria	정육점	andare in macelleria
ristorante	식당	andare al ristorante
teatro	극장	andare a teatro
piscina	수영장	andare in piscina
albergo	호텔	andare in albergo
agriturismo	농촌 체험 관광	andare in un agriturismo
campagna	전원	andare in campagna
montagna	산	andare in montagna
centro commerciale	백화점	andare al centro commerciale
edicola	신문 가판점	andare in edicola
profumeria	향수 가게	andare in profumeria
pescheria	생선 가게	andare in pescheria
aeroporto	공항	andare in aeroporto
ospedale	병원	andare in ospedale
cinema	영화관	andare al cinema
scuola	학교	andare a scuola
supermercato	슈퍼마켓	andare al supermercato
parco	공원	andare al parco

연습문제

1. 주어진 단어를 순서에 맞게 배열하여 문장을 완성하세요.

   (1) (Vieni, mangiare, la pizza, con, noi, a)

   ▶ _____

   (2) (Marta, a, vanno, casa, Vladimir, e)

   ▶ _____

   (3) (a, vado, Io, Parigi)

   ▶ _____

   (4) (Tu e Alex, a, scuola, piedi, a, andate)

   ▶ _____

2. 다음 문장을 읽고 틀린 곳을 바르게 고치세요.

   (1) Anna e Diana vanno al cinema con noi.

   ▶ _____

   (2) Andiamo in Parigi.

   ▶ _____

   (3) Noi veniamo a Francia.

   ▶ _____

   (4) Dove vai il Signor Rossi?

   ▶ _____

단어 presto 빠르게 a piedi 걸어서

3. 다음 문장을 읽고 빈칸에 알맞은 전치사를 쓰세요.

(1) John viene _____ Inghilterra.

(2) Giorgio è un professore _____ storia.

(3) Arrivo proprio adesso _____ Milano.

(4) Vado _____ piscina.

(5) Andiamo in Italia _____ l'aereo.

(6) Tu e Giulia venite a Milano _____ treno?

(7) Io e Barbara veniamo al mare _____ voi.

4. 이야기를 듣고, 내용과 일치하면 V, 일치하지 않으면 F를 고르세요.   MP3 05-3

(1) Veronica lavora in un supermercato.   (V , F)

(2) Marco lavora in banca.   (V , F)

(3) Veronica mangia con Marco.   (V , F)

(4) Marco va da Veronica.   (V , F)

이탈리아 요리에서 기본이 되는 요리는 아침, 점심, 저녁 식사 그리고 스푼띠니(spuntini)*이다.

아침 식사는 주로 달콤한 것들을 먹는데, 따뜻하거나 찬 우유 또는 과일 주스와 함께 오븐에서 구워낸 쿠키나 잼이나 헤이즐넛 크림을 바른 빵을 먹는다. 커피는 카푸치노 (cappuccino), 카페라떼(caffelatte) 혹은 카페 에스쁘레소(caffè espresso)를 마신다.

전통적인 점심 식사는 하루 중에서 가장 중요한 식사로, 3~4개의 요리로 구성된다.

우선, 식전 음식인 안티 파스토(anti pasto)가 있다. 안티 파스토는 크로스티니(crostini, 구운 빵)와 살루미(salumi), 치즈나 야채로 구성되어 있다.
첫 번째 요리(Primo piatto)는 일반적으로 파스타(pasta)나 리조또(risotto) 혹은 미네스트라 (minestra, 국)로 이루어져 있다.
두 번째 요리(Secondo piatto)는 주로 고기나 생선, 치즈나 프로슈토(prosciutto, 숙성 돼지고기)가 야채 요리(contorno, 익힌 야채나 샐러드)와 함께 제공된다.
그 다음에는 후식으로 티라미수나 과일이 이어지며, 마지막으로 커피를 마시며 마무리를 한다.

오늘날에는 이렇게 갖추어진 점심 식사는 축제 때 아니면 휴일에나 준비된다. 그 밖에 보통은 첫 번째 요리나 두 번째 요리, 아니면 한 접시에 조금씩 모두 담아 제공되는 것이 일반적이다.

저녁 식사는 점심 식사와 비슷하다. 점심과 다른 점은, 양이 좀 더 많다는 것이다. 모든 음식은 지역의 발달 정도 또는 전통에 따라 다양해질 수 있다.

스푼띠니는 메렌다(merenda)라고도 하며 아침과 점심 사이, 점심과 저녁 사이에 허기를 잠시 달래기 위해 먹는 음식이다. 일종의 간식 같은 것으로, 가벼운 음식이나 과일, 혹은 잼을 바른 빵을 먹는다. 여름에는 아이스크림을 스푼띠노로 먹기도 한다.

* 스푼띠니는 이탈리아어로 spuntini라고 쓰며, spuntino의 복수형이다. 간식 한 가지를 말할 때는 spuntino가 되고, 여러 가지를 말할 때는 spuntini라고 한다.

Dov'è la fermata dell'autobus?

버스 정류장은 어디에 있나요?

Giacomo	**Andiamo a fare un giro per i negozi?**
	안디아모 아 파레 운 지로 뻬르 이 네고찌?
Arianna	**Sì, adoro fare shopping! Dove andiamo?**
	씨, 아도로 파레 쇼핑! 도베 안디아모?
Giacomo	**Andiamo al centro commerciale Arese!**
	안디아모 알 첸트로 콤메르찰레 아레제!
Arianna	**Prendiamo l'autobus?**
	쁘렌디아모 라우토부스?
Giacomo	**Ottima idea! Ma dov'è la fermata?**
	오띠마 이데아! 마 도베에 라 페르마따?
Arianna	**Chiediamo ad un passante.**
	키에디아모 아드 운 파싼떼.
Giacomo	**Mi scusi, dov'è la fermata dell'autobus 89?**
	미 스쿠지, 도베에 라 페르마따 델라우토부스 오딴따 노베?
Passante	**Va alla fine di questa strada.**
	바 알라 피네 디 꾸에스따 스트라다.
	Gira a destra e prima del semaforo trovi la fermata.
	지라 아 데스트라 에 쁘리마 델 세마포로 뜨로비 라 페르마따.
Giacomo	**Grazie mille! Buongiorno.**
	그라찌에 밀레! 부온조르노.

지아코모	우리 상점 한 바퀴 돌까? (쇼핑하러 갈까?)
아리아나	응, 나 쇼핑하는 거 무척 좋아해! 어디로 갈까?
지아코모	아레제 백화점으로 가자!
아리아나	우리 버스 탈까?
지아코모	좋은 생각이야! 그런데 정류장이 어디 있지?
아리아나	지나가는 사람에게 물어보자.
지아코모	죄송한데요, 89번 버스 정류장이 어디인가요?
행인	이 길 끝까지 가세요. 오른쪽으로 돌면 신호등 전에 정류장이 있습니다.
지아코모	대단히 감사합니다! 안녕히 가세요.

☐ (il) giro 한 바퀴
☐ (il) centro commerciale 백화점
☐ ottima/o 최상의
☐ (il) passante 행인
☐ (la) fine 끝
☐ prima di ~전에

☐ (il) negozio 상점
☐ (l') idea 생각
☐ scusare 미안하다
☐ (la) strada 길
☐ (il) semaforo 신호등

☐ adorare 아주 좋아하다
☐ (l') autobus 버스
☐ chiedere 묻다
☐ (la) fermata dell'autobus 버스 정류장
☐ girare 돌다

A 전치관사

전치관사는 '전치사+정관사'의 형태이다.

9개의 전치사 중 **a, da, su, di, in** 5개의 전치사는 뒤에 정관사가 오면 그 정관사와 결합하여 새로운 형태로 바뀌는데, 이를 전치관사라고 한다. 정관사가 명사의 성과 수에 따라 형태가 변하므로, 전치관사 또한 명사의 성과 수에 따라 정관사의 형태대로 변한다. 5개의 전치사 중 **a, da, su**는 정관사와 만나더라도 전치사의 원형을 유지하지만, **di, in**은 형태가 달라진다.

● 전치사 a, da, su + 정관사

	남성 단수			남성 복수		여성 단수		여성 복수
	il	lo	l'	i	gli	la	l'	le
a	al	allo	all'	ai	agli	alla	all'	alle
da	dal	dallo	dall'	dai	dagli	dalla	dall'	dalle
su	sul	sullo	sull'	sui	sugli	sulla	sull'	sulle

Lucia telefona alle sue amiche. 루치아는 그의 친구들(여자)에게 전화합니다.

Giuseppe va dallo psicologo. 쥬세뻬는 심리학자에게 갑니다.

La borsa è sul tavolo. 가방은 테이블 위에 있습니다.

Lui è uno studente all'università di Siena. 그는 시에나 대학 학생입니다.

● 전치사 di, in + 정관사

	남성 단수			남성 복수		여성 단수		여성 복수
	il	lo	l'	i	gli	la	l'	le
di	del	dello	dell'	dei	degli	della	dell'	delle
in	nel	nello	nell'	nei	negli	nella	nell'	nelle

Compro un biglietto dell'autobus. 나는 버스표를 한 장 삽니다.

L'insegnante corregge i compiti degli studenti. 선생님이 학생들의 숙제에서 틀린 것을 수정합니다.

Il cellulare è nello zaino. 휴대폰은 배낭 속에 있습니다.

단어 **(lo) psicologo** 심리학자 **(il) biglietto** 표 **correggere** 수정하다 **(il) compito** 숙제 **(il) cellulare** 휴대전화

ⓑ 위치를 나타내는 부사

davanti (a) ~ 앞에	L'albero è davanti a casa. 나무는 집 앞에 있습니다.
dietro (di) ~ 뒤에	Il cane è dietro casa. 개는 집 뒤에 있습니다.
sopra (a) ~ 위에	Il gatto è sopra la sedia. 고양이가 의자 위에 있습니다.
sotto (a) ~ 아래에	Il gatto è sotto la sedia. 고양이가 의자 아래에 있습니다.
dentro ~ 안에	Il pesce rosso è dentro la boccia di vetro. 금붕어가 어항 안에 있습니다.
fuori (da) ~ 밖에	Lucia abita fuori città. 루치아는 도시 밖에 삽니다.
vicino (a) 가까이	Un ragazzo è vicino a scuola. 한 소년이 학교 가까이 있습니다.
lontano (da) 멀리	Una ragazza è lontana da scuola. 한 소녀가 학교에서 멀리 있습니다.
a destra 오른쪽에	La farmacia è a destra. 약국은 오른쪽에 있습니다.
a sinistra 왼쪽에	Il supermercato è a sinistra. 슈퍼마켓은 왼쪽에 있습니다.
intorno a ~ 근처에	Non c'è nessuno intorno a me. 내 주위에 아무도 없습니다.

ⓒ 명령문

명령문은 명령하거나 요청, 권유하는 말이다. 명령문의 주어는 2인칭 단수, 복수 또는 1인칭 복수(권고나 훈계)뿐인데(3인칭 존칭은 여기서 다루지 않는다), 명령문에서는 주어를 생략하고 쓰지 않는다.

- 긍정 명령문: 동사의 직설법 현재형
- 부정 명령문: 2인칭 단수는 non+동사원형, 1·2인칭 복수는 non+동사의 직설법 현재형

● essere, avere 동사의 명령형(직설법 현재)

| | essere | | avere | |
	긍정	부정	긍정	부정
tu	sii	non essere	abbi	non avere
voi	siate	non siate	abbiate	non abbiate
noi	siamo	non siamo	abbiamo	non abbiamo

Sii paziente! 참아!   Siate pazienti! 여러분, 참으세요!

Abbi fiducia! 믿어!   Abbiate fiducia! 여러분, 믿으세요!

● 다양한 명령형(직설법 현재)

	parlare 말하다		prendere ~을 취하다	
	긍정	부정	긍정	부정
tu	parla	non parlare	prendi	non prendere
voi	parlate	non parlate	prendete	non prendete
noi	parliamo	non parliamo	prendiamo	non prendiamo
	finire 끝내다		dormire 자다	
	긍정	부정	긍정	부정
tu	finisci	non finire	dormi	non dormire
voi	finite	non finite	dormite	non dormite
noi	finiamo	non finiamo	dormiamo	non dormiamo

Fernando, parla! 페르난도, 말해!

Dormi subito! 당장 자!

Paolo, non parlare! 파올로, 말하지 마!

Finite i compiti! 너희들 숙제를 끝내!

Non prendere dei fiori! 꽃을 꺾지 마시오!

andare, dare, dire, fare, stare 동사의 2인칭 단수 명령형은 축약형으로도 쓰인다.

	andare 가다	dare 주다	dire 말하다	fare 하다	stare 머물다
tu	va'(vai)!	da'(dai)!	di'!	fa'(fai)!	sta'(stai)!
voi	andate	date	dite	fate	state
noi	andiamo	diamo	diciamo	facciamo	stiamo

※ 영어 please에 해당하는 **per favore, per piacere, per cortesia** 등을 함께 사용하면 공손한 표현이 된다.

Apri la finestra, per favore. 창문 좀 열어 주세요.

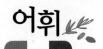

● 교통

MP3 **06-2**

(la) macchina/(l')automobile	자동차
(l') aereo	비행기
(il) treno	기차
(l') autobus	버스
(la) biglietteria	매표소
(il) biglietto	표
(la) fermata	정류장
(la) nave	배
(la) bicicletta	자전거
(il) sedile	좌석
(il) volante	핸들
(la) cintura di sicurezza	안전띠
(la) via/strada	거리
(il) semaforo	교통신호등
(l') autostrada	고속도로
(la) motocicletta	오토바이
(la) vespa	스쿠터
(l') autogrill	고속도로 휴게소
(il) telepass	하이패스
(l') autovelox	고속도로 자동 속도 측정기
(le) striscie pedonali	건널목

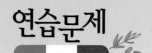

1. 빈칸에 알맞은 전치관사를 〈보기〉에서 골라 쓰세요. (중복 있음)

| 보기 | dall'   dai   nel   nella   alla

(1) Carlo entra ＿＿＿＿＿＿＿ chiesa di Stanta Maria.

(2) Stasera vado a mangiare ＿＿＿＿＿＿＿ miei genitori.

(3) Le calze sono ＿＿＿＿＿＿＿ cassetto della camera da letto.

(4) Usciamo ＿＿＿＿＿＿＿ ufficio.

(5) Io vado ＿＿＿＿＿＿＿ stazione dei treni.

(6) Gli studenti sono ＿＿＿＿＿＿＿ classe di matematica.

2. 빈칸에 주어진 단어의 알맞은 형태를 쓰세요.

(1) Metto il televisore nuovo ＿＿＿＿＿＿＿ (in) camera da letto.

(2) La metropolitana arriva fino ＿＿＿＿＿＿＿ (a) piazza principale.

(3) Gli scoiattoli vivono ＿＿＿＿＿＿＿ (su) alberi.

(4) Esco ＿＿＿＿＿＿＿ (da) ufficio.

(5) La professoressa risponde alle domande ＿＿＿＿＿＿＿ (di) studenti.

단어 (la) classe 교실   (la) matematica 수학   nuovo 새것인   camera da letto 침실   fino a~ ～까지   principale 중요한
(lo) scoiattolo 다람쥐   (l') albero 나무   (l') ufficio 사무실   rispondere 답하다   (la) domanda 질문

3. 다음 문장을 이탈리아어로 쓰세요.

(1) 우리 커피 바에서 카푸치노 한 잔 마시자!

   ▶ _____

(2) 너희들 극장 앞에서 기다려!

   ▶ _____

(3) 알레산드라, 집 앞에 있어!

   ▶ Alessandra, _____

(4) 여러분, 참으세요!

   ▶ _____

4. 대화를 듣고, 대화의 내용과 일치하는 것을 모두 고르세요. ⊚ MP3 06-3

① Salvatore lavora in un bar.

② Michela va a lavorare.

③ Salvatore va al bar.

④ Michela va in farmacia.

⑤ Michela lavora in un bar; si chiama Caffè Canova.

⑥ Salvatore va in farmacia.

단어 (il) cappuccino 카푸치노   aspettare 기다리다   (il) cinema 극장

La Mole Antonelliana
(국립 영화 박물관)

이탈리아 영화는 영화 발명가인 **Lumière** 형제의 영화 발명(1800년) 이후 몇 년 지나지 않아 시작되었다. 첫 영화는 단 몇 초간 상영되었는데, 그것은 교황 레오네 13세가 영화를 찍는 카메라에 축성을 하는 장면이었다. 영화 산업은 1903년과 1908년 사이에 3개의 영화사, La "**Societá Anonima Ambrosio**", La "**Itala Film**" 그리고 La "**Cines**"(Roma)와 함께 시작되었다. 수많은 이탈리아 영화가 이탈리아 내에서 그리고 해외에서 큰 성공을 거두었으며 무솔리니가 지배하던 시기에는 파시즘을 선전하는 도구로 사용되기도 했다.

제 2차 세계대전이 끝난 뒤에, 이탈리아 영화는 최고의 전성기를 누렸으며, 비토리오 데 시카(**Vittorio De Sica**), 페데리코 펠리니(**Federico Fellini**), 세르지오 레오네(**Sergio Leone**), 피에르 파올로 파솔리니(**Pier Paolo Pasolini**), 미켈란젤로 안토니오니(**Michelangelo Antonioni**), 그리고 다리오 아르젠토(**Dario Argento**) 같은 영화감독들은 세계적인 거장으로 유명하다. 이들의 영화들 중 가장 유명한 것은, **La Dolce Vita**(아름다운 인생), **Il Buono, Il Brutto, Il Cattivo**(착한 놈, 못생긴 놈, 못된 놈), 그리고 **Ladri di biciclette**(자전거 도둑들)가 있다.

1980년 이후, 마씨모 트로이지(**Massimo Troisi**) 주연의 **Il Postino**(우체부), 로베르토 베니니(**Roberto Benigni**) 주연의 **La vita è bella**(인생은 아름다워: 1999년 오스카상 수상) 같은 아름다운 영화에도 불구하고 이탈리아의 영화 산업은 위기를 맞게 된다.

토리노에 국립 영화 박물관인 몰레 안토넬리아나(**La Mole Antonelliana**)가 있다.

Quanto costa?

얼마인가요?

Serena	**Buongiorno!** 부온조르노!
Commesso	**Buongiorno. Desidera?** 부온조르노.　　　데지데라?
Serena	**Vorrei quella camicia a righe bianche e rosa.** 보레이　꾸엘라　카미챠　아　리게　비앙케　에　로자.
Commesso	**Che taglia?** 케　　탈랴?
Serena	**La 42.** 라 꽈란따 두에.
Commesso	**Eccola qua!** 에콜라　　꽈!
Serena	**Dov'è il camerino?** 도베　일　카메리노?
Commesso	**Il camerino è quello.** 일　카메리노　에　꾸엘로.
Serena	**Grazie!** 그라찌에!
Commesso	**È molto elegante, sta veramente bene.** 에　몰토　엘레간떼,　스타　베라멘떼　베네.
Serena	**Veramente? Quanto costa?** 베라멘테?　　　꽌또　코스타?
Commesso	**Solo 35 euro.** 솔로 뜨렌따 친꾸에 에우로.

세레나	안녕하세요!
점원	안녕하세요, 원하는 것이 있으세요?
세레나	흰색과 분홍색 줄이 있는 저 셔츠를 원합니다.
점원	사이즈가 어떻게 되세요?
세레나	42입니다.
점원	여기 있습니다!
세레나	피팅룸은 어디에 있나요?
점원	피팅룸은 저기 있습니다.
세레나	감사합니다!
점원	옷이 아주 우아하네요, 정말 잘 맞으세요.
세레나	정말요? 얼마인가요?
점원	딱 35유로입니다.

☐ desiderare 원하다 ☐ vorrei ~하면 좋겠다 ☐ (la) camicia 셔츠
☐ (la) riga 줄 ☐ bianca 흰색의 ☐ rosa 분홍색의
☐ (la) taglia 사이즈 ☐ qua 여기에 ☐ (il) camerino 피팅룸
☐ elegante 우아한 ☐ veramente 진짜로 ☐ costare 값이 나가다
☐ solo 단지

A 의문사

의문사에는 의문부사와 의문형용사, 의문대명사가 있다.

● 의문부사

의문부사는 이유나 방법, 장소 등을 물어보는 의문사이다. 동사 앞에 위치하며, 부사이기 때문에 명사의 성·수에 영향을 받지 않아 형태가 변하지 않는다.

come	dove	quando	quanto	perché/come mai
어떻게	어디에서	언제	얼마나	왜

Com'è Seul? 서울은 어떤가요? (※ Com'è = come + è, e의 반복을 피하기 위해 축약됨)

Come sono le penne? 펜들은 어떤가요?

Dove sei? 당신은 어디 있나요?

Quando vai? 당신은 언제 가나요?

Quanto costa? 얼마인가요?

Perché piangi? 당신은 왜 우나요?

Come mai dormono? 그들은 왜 자나요?

● 의문형용사와 의문대명사

의문형용사는 명사를 수식하는 형용사의 역할을 하는 의문사이다. 따라서 수식하는 명사의 성과 수에 따라 형태가 변한다. 의문대명사는 주어나 목적어로 쓰이며, 형태가 변하지 않는다.

	단수		복수	
	남성	여성	남성	여성
무엇, 어떤	che(che cosa)			
어떤 것, 어떤	quale		quali	
얼마, 얼만큼의, 얼마나 많은	quanto	quanta	quanti	quante
누구	chi			

단어 piangere 울다

① che: 어떤, 무엇(영어의 what)

형용사와 대명사로 모두 쓰인다. 형용사로 쓰일 때, 수식하는 명사의 성과 수에 영향을 받지 않아 형태가 변하지 않는다. 대명사로 쓰일 때도 성과 수의 구분 없이 같은 형태로 쓰인다.

Che ora è? 몇 시인가요?

Che libro legge? 그/그녀는 어떤 책을 읽나요?

Che fai? 당신은 무엇을 하나요?

Che dici? 당신은 무슨 말을 하나요?

사물에 대해 사용할 때, che, che cosa, cosa는 모두 같은 의미로 혼용해서 사용할 수 있다.

Che scrivi? 당신은 무엇을 쓰나요?

(= Cosa scrivi?, Che cosa scrivi?)

Che cosa preparano? 그들은 무엇을 준비하나요?

Che programmi avete? 당신들은 어떤 계획을 가지고 있나요?

② quale: 어떤, 어떤 것(영어의 which)

형용사와 대명사로 모두 쓰인다. 형태는 성에 상관 없이 단수·복수 형태로만 변한다. 간혹 모음 앞에서 qual의 형태를 취하기도 하며, 어떤 때는 자음 앞에서 qual의 형태를 취하기도 한다. 모음이나 자음 앞에서 qual을 사용하는 형태는 발음을 쉽고 편하게 하려는 이탈리아어의 한 특징이다.

Quale borsa hai? 당신은 어떤 가방을 갖고 있나요?

Quale libro hai? 당신은 어떤 책을 갖고 있나요?

Quali libri hai? 당신은 어떤 책들을 갖고 있나요?

Qual è piú bello? 어느 것이 더 좋은가요?

Qual è il tuo amico? 어떤 사람이 당신 친구인가요?

Quale macchina preferite? 당신들은 어떤 자동차를 선호하나요?

Quale vino volete? 당신들은 어떤 와인을 원하시나요?

Quale città visitiamo? 우리는 어떤 도시를 방문하나요?

단어 (il) programma 계획(형태는 여성이지만 남성 명사)   piú 더 (영어의 more)

③ quanto: 얼마나, 얼만큼의, 얼마나 많은(영어의 how much, how many)

형용사, 부사로 모두 쓰이며, 수나 양과 관련된 질문에 사용한다. 형용사로 쓰일 때, 수식하는 명사의 성과 수에 따라 형태가 변하며, 부사로 쓰일 때는 quanto 한 가지 형태이다.

Quante matite hai? 당신은 몇 자루의 연필을 갖고 있나요?

Quanti libri hai? 당신은 몇 권의 책을 갖고 있나요?

Quanto costa? 가격이 얼마인가요?

Quante bottiglie di acqua compra Angela? 안젤라는 몇 병의 물을 구입하나요?

Quante borse ci sono nel negozio? 상점에는 몇 개의 가방이 있나요?

④ chi: 누구(영어의 who)

대명사로만 사용되며, 사람이나 살아있는 것을 지칭할 때 사용한다. 명사의 성과 수에 영향을 받지 않으며 주어로 사용할 수도 있고, 목적어로도 사용할 수도 있다.

Chi parla? 누구세요? (전화상)

Chi incontri? 당신은 누구를 만나세요?

Con chi vai al cinema? 누구와 극장에 가나요?

※ chi는 특정한 누군가가 아닌 일반적인 사람을 지칭할 때도 사용한다.

Chi dorme non piglia pesci. 잠자는 사람은 생선을 잡지 못한다.

Chi semina vento raccoglie tempesta. 뿌린 대로 거둔다.(바람을 심은 사람이 태풍을 부른다.)

Ⓑ 지시사

questo와 quello는 사람이나 사물, 장소 등을 가리킬 때 사용하는 말이다. 가까운 것은 questo(이 것), 멀리 있는 것은 quello(저것)이다. 형용사와 대명사의 역할을 모두 하며, 수식하는 또는 가리키는 명사의 성과 수에 따라 형태가 변한다.
지시대명사 앞이나, 지시형용사의 수식을 받는 명사의 앞에는 관사를 쓰지 않는다.

단어 (la) matita 연필 (la) bottiglia 병 (l') acqua 물 incontrare 만나다 pigliare 잡다

● **questo** (이, 이것)

	남성	여성
단수	questo(quest')	questa(quest')
복수	questi	queste

* 단수형 questo나 questa 뒤에 모음으로 시작하는 명사가 오면 끝의 모음을 생략하고 quest'의 형태로 쓴다.

Questo cane è bello. 이 개는 예쁩니다.

Questa casa è grande. 이 집은 큽니다.

Questi tavoli sono belli. 이 탁자들은 예쁩니다.

Queste sedie sono comode. 이 의자들은 편합니다.

Quest'amico è simpatico. 이 친구는 정이 갑니다.

Questa è Paola. 이 사람은 파올라입니다.

I tuoi amici sono questi? 당신의 친구들은 이 사람들인가요?

La novitá è questa: non parto e resto con voi. 소식은 이것입니다: 떠나지 않고 당신들과 남겠습니다.

(questa는 콜론 뒤의 문장 전체를 가리킴)

● **quello** (저, 저것)

quello는 지시대명사로 쓰일 경우, 가리키는 대상의 성·수에만 맞춰 변화하지만, 지시형용사로 쓰일 경우, 뒤에 오는 명사의 성·수뿐만 아니라 발음에도 영향을 받아 조금 더 다양하게 변한다. 변화하는 형태는 quello의 어미가 정관사와 동일하게 변한다.

① **지시대명사 quello** (저것)

	남성	여성
단수	quello	quella
복수	quelli	quelle

Quello è il mio cane. 저것은 나의 개입니다.

Quella è una borsa. 저것은 가방입니다.

Quelli sono gli studenti. 저들은 학생들입니다.

Quelle sono le penne. 저것들은 펜들입니다.

단 어 comodo 편한   mio 나의 (소유격)

② 지시형용사 quello (저)

	남성	여성
단수	(il) quel (lo) quello (l') quell'	(la) quella (l') quell'
복수	(i) quei (gli) quegli	(le) quelle

Quel ragazzo è grande. 저 청년은 큽니다.
Quei ragazzi sono grandi. 저 청년들은 큽니다.

Quello zaino è piccolo. 저 배낭은 작습니다.
Quegli zaini sono grandi. 저 배낭들은 큽니다.

Quella ragazza bionda è inglese. 저 금발 아가씨는 영국인입니다.
Quelle ragazze bionde sono inglesi. 저 금발 아가씨들은 영국인들입니다.

Quell'armadio è di mia nonna. 저 가구는 내 할머니 것입니다.
Quell'università è a Milano. 저 대학은 밀라노에 있습니다.

단 어   biondo 금발인   (l') armadio 가구   (la) nonna 할머니

● 의복, 신발

(il) cappotto
코트

(la) gonna
치마

(i) jeans
청바지

(la) maglietta
티셔츠

(il) maglione
스웨터

(i) pantaloni
바지

(le) scarpe
신발

(gli) stivali
부츠

(il) cappello
모자

(le) calze
양말

(la) camicetta
블라우스

(le) scarpe con i tacchi alti/ scarpe coi tacchi alti
하이힐

● 색깔

nero/a/i/e	검은색의, 검은색	blu	청색의, 청색
bianco/a/chi/che	흰색의, 흰색	azzurro/a/i/e	하늘색의, 하늘색
grigio/a/grigi/e	회색의, 회색	rosa	분홍색의, 분홍색
giallo/a/i/e	노란색의, 노란색	viola	자주색의, 자주색
rosso/a/i/e	빨간색의, 빨간색	marrone/i	갈색의, 갈색
verde/i	녹색의, 녹색	arancione/i	오렌지색의, 오렌지색

* blu, rosa, viola는 형태의 변화 없음

1. 다음 문장을 이탈리아어로 쓰세요.

   (1) 당신은 어디에 있나요?

   ▶ _____

   (2) 얼마인가요?

   ▶ _____

   (3) 당신은 어떤 가방을 갖고 있나요?

   ▶ _____

   (4) 당신은 왜 우나요?

   ▶ _____

2. 다음 문장을 읽고 틀린 곳을 바르게 고치세요.

   (1) Quante fratelli hai?

   ▶ _____

   (2) Quanti persone sono italiane?

   ▶ _____

   (3) Che è il tuo film preferito?

   ▶ _____

   (4) Quando fate sabato sera?

   ▶ _____

단어 (la) persona 사람   preferito 좋아하는   sabato 토요일

3. 괄호 안에 알맞은 단어를 고르세요.

(1) (Quelli, Quegli) attori sono molto bravi.

(2) Come si chiamano (questi, quest') animali?

(3) (Questa, Questo) mattina ho tante cose da fare.

(4) (Questa, Questo) vestito è piú bello di (quello, quella)

(5) (Quello, Quel') è il cane di Andrea.

(6) (Quel, Quelli) sono gli studenti.

(7) (Questa, Quest') è l'amica di Emma.

(8) (Queste, Quelli) sono le borse di mia mamma.

4. 대화를 듣고, 대화의 내용과 일치하는 것을 모두 고르세요.   🎧 MP3 **07-3**

① Giuliano è al centro commerciale.

② Maria va in un negozio di abbigliamento.

③ Giuliano compra un maglione.

④ Maria sa dov'è il negozio di Versace.

단 어 sapere 알다 (l') angolo 모퉁이

Cultura

· 피아트, 이탈리아 산업의 아이콘 ·

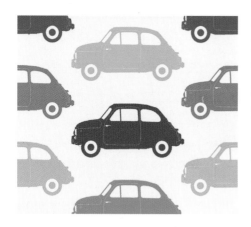

피아트(Fiat)는 이탈리아의 유명한 자동차 회사로, 이름은 Fabbrica Italiana Automobili Torino의 머릿글자이다. Fiat는 1899년 6월 11일에 설립되었다. 당시에는 부자들만이 자동차를 가질 수 있었고, 생산할 수 있었는데, Fiat의 설립자들이 그랬다. 그들은 토리노의 귀족들이며 부자들로, 이 새로운 형식의 이동 수단에 열광했다. Fiat의 첫 CEO, Giovanni Agnelli는 1902년에 엘리트와 부자 외국인을 대상으로 당시에는 부의 상징인 사치스러운 차를 생산하였다.

제 1차 세계대전 동안에(1915-1918), Fiat의 공장 직원들은 10배로 증가했고, 군용 이동 수단을 생산하는 공장으로 전환되었다. 이미 미국의 비행기 공장의 주식을 절반 이상 갖고 있었던 Giovanni Agnelli는 미국의 Ford사에서 완벽하게 테스트된 부품 조립 공정 시스템을 이탈리아로 가지고 왔다. "링고또(Lingotto)"라고 부르는 이 새로운 시스템은 전 유럽에 효율적인 생산과 경영의 예가 되었다. 1920년대와 제 2차 세계대전 사이에(1940-45) 극우파 (Fascismo)가 Fiat에게 저가의 자동차와 중산층이 접근 가능한 자동차를 생산할 것을 강제하여, "Balilla"가 탄생했다.

Che ore sono?

몇 시인가요?

Roberto	**Veronica, oggi che cosa fai?** 베로니카, 오지 케 꼬자 파이?
Veronica	**Oggi, devo andare dalla dentista. Che ore sono?** 오지, 데보 안다레 달라 덴티스타. 케 오레 소노?
Roberto	**Sono le 10 e 30.** 소노 레 디에치 에 뜨렌따.
Veronica	**A che ora apre la dentista?** 아 케 오라 아프레 라 덴티스타?
Roberto	**Oggi è giovedì,* la dentista apre alle 3 e 30 di pomeriggio.** 오지 에 죠베디, 라 덴티스타 아프레 알레 뜨레 에 뜨렌따 디 포메리죠.
Veronica	**Davvero? A che ora chiude?** 다베로? 아 케 오라 키우데?
Roberto	**Chiude alle 6 e mezza.** 키우데 알레 세이 에 메자.
Veronica	**Ok, abbiamo tanto tempo. Facciamo prima colazione.** 오케이, 아비아모 딴또 뗌뽀. 파챠모 쁘리마 꼴라찌오네.
Roberto	**Va bene, io voglio un cappuccino e un cornetto alla cioccolata, e tu?** 바 베네, 이오 볼료 운 카푸치노 에 운 꼬르네또 알라 쵸콜라따, 에 뚜?
Veronica	**Molto bene, io prendo un caffè e un cornetto al miele.** 몰또 베네, 이오 쁘렌도 운 까페 에 운 꼬르네또 알 미엘레.

로베르또	베로니카, 오늘 뭐하니?
베로니카	오늘 치과에 가야 해. 몇 시야?
로베르또	10시 30분이야
베로니카	치과는 몇 시에 열어?
로베르또	오늘 목요일이야, 치과는 오후 3시 30분에 열어.
베로니카	진짜? 몇 시에 문을 닫아?
로베르또	오후 6시에 문을 닫아.
베로니카	좋아, 우리 시간이 많네. 먼저 아침 식사부터 하자.
로베르또	좋아, 난 카푸치노와 초콜릿이 들어있는 크로와상 먹을래, 넌?
베로니카	좋아, 난 커피와 꿀이 들어간 크로와상 먹을래.

Tip ☆

치과가 몇 시에 문을 여냐는 질문에 요일을 답한 건, 이탈리아에서는 요일에 따라 병원 문을 여는 시간이 다르기 때문이다.

☐ (il/la) dentista 치과	☐ aprire 열다	☐ (il) giovedì 목요일
☐ chiudere 닫다	☐ mezza 절반	☐ prima 이전에, 먼저
☐ (il) cornetto 크로와상	☐ (la) cioccolata 초콜릿	☐ (il) miele 꿀

문법

Ⓐ 시간 말하기

시간을 묻는 질문은 "Che ora è?"(단수)와 "Che ore sono?"(복수)가 있으며, 구별 없이 사용할 수 있다. 대답은 다음과 같은 형식으로 하는데, 일반적으로 복수형으로 답한다.

> essere 동사 + le(정관사 여성 복수형) + 시간 + e + 분

Sono le cinque e venti. 5시 20분입니다.
Sono le dieci. 10시입니다.

단수형으로 말하는 경우는 다음과 같다.

È l'una. 1시입니다. (È l'una in punto. 1시 정각입니다.)
È mezzogiorno. 정오입니다.　　　　È mezzanotte. 자정입니다.
È l'una e venti. 1시 20분입니다.
È mezzogiorno e un quarto. 낮 12시 15분입니다.

☞ mezzogiorno와 mezzanotte 앞에는 관사가 없다. 1시, 정오, 자정을 넘겨 몇 분을 말할 때도 단수형으로 말한다.

※ un quarto

'15분'은 숫자 15를 사용하는 대신, un quarto(4분의 1)를 사용하여 말하기도 한다.

☞ 정오를 기준으로 시간을 4등분하면 왼쪽과 같다. 이 4등분 중 하나가 un quarto이고, 3이 4분의 1 지점이므로, 15분을 un quarto라고 한다. 30분은 due quarti이지만 사용하지 않으며, 45분은 tre quarti로 자주 사용한다.

Sono le quattro e un quarto. 4시 15분입니다.
(= Sono le quattro e quindici.)

"Che ore sono?"

Sono le cinque e quarantacinque. 5시 45분입니다.
(= Sono le cinque e tre quarti.)
Sono le sei meno* quindici. 6시 15분 전입니다.
(=Sono le sei meno un quarto.)

* meno 더 적은

"Che ore sono?"

Sono le sette e trenta. 7시 30분입니다.

Sono le sette e mezza(mezzo). 7시 반입니다.

* mezza와 mezzo는 '반(30분)'이라는 의미로 혼용해서 사용한다.

Ⓑ A che ora＋동사＋주어?

"몇 시에 ~하나요?"라는 뜻으로, 의문사 che 앞에 전치사 a를 동반한다. 대답할 때는 시간 앞에 전치사 a와 정관사 le가 결합된 전치관사 **alle**를 쓴다.

A: A che ora chiude la farmacia? 약국은 몇 시에 문을 닫나요?

B: Chiude alle 7 di sera. 저녁 7시에 닫습니다.

A: A che ora finisci di lavorare? 당신은 몇 시에 일하는 것이 끝나요?

B: Finisco di lavorare alle 7 di sera. 나는 저녁 7시에 일이 끝납니다.

A: A che ora cominica il film? 영화는 몇 시에 시작하나요?

B: Comincia alle 4 di pomeriggio. 오후 4시에 시작합니다.

※ 여러 가지 유용한 시간 표현

> in ritardo 늦게 　　in orario 정각에 　　puntuale 딱 정각에

Il treno arriva in ritardo. 기차가 늦게 도착합니다.

L'autobus parte in orario. 버스는 정각에 출발합니다.

I miei amici arrivano puntuali agli appuntamenti. 내 친구들은 항상 약속에 딱 맞게 도착합니다.

단어 (la) farmacia 약국　cominciare 시작하다　(il) film 영화　(l') appuntamento 약속　arrivare 도착하다　partire 출발하다

ⓒ finire 동사, cominciare 동사

● finire 동사

finire 동사는 '끝내다'라는 뜻의 불규칙 동사이다. 목적어는 명사 또는 '전치사 di+동사원형'의 형태가 온다.

io	tu	lui/lei (존칭 Lei)	noi	voi	loro
finisco	finisci	finisce	finiamo	finite	finiscono

① **finire 동사 + di + 동사원형** : '~하는 것을 마치다'

finire di lavorare 일하는 것을 마치다

finire di mangiare 식사를 마치다

finire di fare il compito 숙제하는 것을 끝내다

② **finire 동사 + 명사** : '~을 마치다', '~이 떨어지다'

finire il lavoro 일을 마치다

finire il pranzo 점심을 마치다

finire la benzina 휘발유가 떨어지다

finire i soldi 돈이 떨어지다

● cominciare 동사

cominciare 동사는 '시작하다'라는 뜻의 규칙 동사이다. 목적어는 명사 또는 '전치사 a+동사원형'의 형태가 온다.

io	tu	lui/lei (존칭 Lei)	noi	voi	loro
comincio	cominci	comincia	cominciamo	cominciate	cominciano

① **cominciare 동사 + a + 동사원형** : '~하기 시작하다'

cominciare a correre 달리기 시작하다

cominciare a lavorare 일하기 시작하다

② **cominciare 동사 + 명사** : '~을 시작하다'

cominciare il corso d'inglese 영어 수업을 시작하다

cominciare un nuovo lavoro 새 일을 시작하다

● finire di + 동사원형

MP3 **08-2**

finire di ballare 춤추는 것을 끝내다

finire di mangiare 먹는 것을 끝내다 (다 먹다)

finire di telefonare 전화하는 것을 끝내다

finire di cantare 노래하는 것을 끝내다

finire di scrivere una lettera
편지쓰는 것을 끝내다

● finire + 명사

finire la lezione 수업을 끝내다

finire il latte 우유를 다 먹다

finire il libro 책을 끝내다

finire una relazione 관계를 끝내다

finire il lavoro in poco tempo
짧은 시간 내에 일을 끝내다

● cominciare a + 동사원형

cominciare a frequentare (수업에) 다니기 시작하다

cominciare a preparare 준비하는 것을 시작하다

cominciare a dipingere 그림 그리는 것을 시작하다

cominciare a piangere 울기 시작하다

cominciare a studiare l'italiano
이탈리아어 공부를 시작하다

● cominciare + 명사

cominciare un corso 수업을 시작하다

cominciare la dieta 다이어트를 시작하다

cominciare l'universitá 대학교를 시작하다

cominciare la giornata 하루를 시작하다

cominciare un nuovo lavoro
새 일을 시작하다

8. Che ore sono? 몇 시인가요?   105

연습문제

1. 주어진 시간을 〈보기〉와 같이 이탈리아어로 쓰세요.

| 보기 | 오전 8시 30분

▶ Sono le otto e trenta. / Sono le otto e mezzo.

(1) 밤 12시 30분 ▶ _____

(2) 오후 1시 25분 ▶ _____

(3) 오후 4시 50분 ▶ _____

(4) 오전 11시 45분 ▶ _____

2. 다음 내용을 읽고, 질문에 답하세요.

> *Studio Dentistico della Dott.ssa Emma Zebellin*
> Orari d'apertura
> Dal lunedì al giovedì: 13.00-20.00
> Venerdì: 09.00-12.00
> Sabato mattina: 09.00-12.00
> aperto il mese di agosto.

(1) Lo Studio Dentistico della Dott.ssa Emma Zebellin non apre lunedì alle 9.00.
   (Sì o No)

(2) Lo Studio Dentistico della Dott.ssa Emma Zebellin apre venerdì.
   (Sì o No)

(3) Lo Studio Dentistico della Dott.ssa Emma Zebellin chiude Sabato pomeriggio.
   (Sì o No)

(4) Lo Studio Dentistico della Dott.ssa Emma Zebellin apre tutto il mese di agosto.
   (Sì o No)

단어 (l') apertura 시작   da A a B A부터 B까지

3. 빈칸에 알맞은 단어를 쓰세요.

(1) Finisci _____ pulire il bagno.

(2) Cominciamo _____ preparare la valigia.

(3) Dovete andare _____ dormire alle 10.

(4) Abiti _____ Venezia?

(5) _____ che ora comincia il film?

(6) Il film comincia _____ mezzogiorno.

4. 대화를 듣고, 대화의 내용과 일치하면 V, 일치하지 않으면 F를 고르세요.　　　🔊 MP3 08-3

(1) Alessia vuole andare al corso sabato e domenica.　　　(V , F)

(2) A Mattias piace il corso d'italiano.　　　(V , F)

(3) Il corso comincia lunedì e finisce venerdì.　　　(V , F)

(4) Il corso è dal 4 al 29 settembre.　　　(V , F)

단어　(la) valigia 여행가방　abitare 거주하다

Cultura
• 이탈리아인들은 마마보이들인가? •

이탈리아인들은 유럽연합국들 중에서 가장 마마보이들이다(이들을 **mammoni**라고 부른다). 이탈리아에서 부모와 함께 사는 18세에서 34세 사이의 청년 비율은 2015년 기준, 67.3%에 달하며, 이는 유럽연합 평균 비율인 47.9%에 비해 상당히 높다. 슬로바키아가 이탈리아를 앞서며(69.6%), 이탈리아 다음으로 말타 (66.1%), 독일(43.1%), 프랑스(34.5%), 영국(34.3%), 그리고 덴마크(19.7%) 순으로 이어진다.

부모와 함께 사는 35세 이하 청년의 비율은 계속 증가하고 있는데, 이러한 현상은 분명히 세계경제 위기와 맞물려 불확실한 미래에 대한 불안 때문인 것으로 이해된다. 25세와 35세 사이의 젊은이들 사이에 44.2%가 전일제 일자리를 갖고 있고(유럽연합 평균 54.8%), 18.3%가 학생이며(유럽연합 평균 10.6%), 무직자가 20.6%이다. 7.6%가 파트타임 일을 하며, 6.8%가 경제활동을 하지 않는다고 한다.

다른 유럽 국가들의 동갑내기들과 비교해서 더 오랫동안 가족과 함께 사는 이탈리아 청년들은 독립하여 집을 떠날 때, 어찌되었든 가족의 도움을 필요로 한다. 이탈리아 청년들의 75%는 독립하여 나갈 때 부모들이 도움을 주는 것이 옳다고 생각한다. 이러한 도움은 남성이 여성보다 더 필요하다고 여긴다. 생활 지원금 또는 셋집을 구할 때나 아이들을 돌볼 때 도움이 필요하다고 그들은 생각한다.

Perché la vuoi?

왜 그것이 필요한데?

Beatrice	**Gianluca, vai dai tuoi amici?**
	쟌루카,　　　　바이 다이 뚜오이 아미치?
Gianluca	**Sì, perché?**
	씨,　　빼르케?
Beatrice	**Mi puoi fare un favore?**
	미　뿌오이 파레 운 파보레?
Gianluca	**Dimmi.**
	딤미.
Beatrice	**Mi puoi prestare la tua bicicletta?**
	미　뿌오이 쁘레스타레 라 뚜아 비치크레따?
Gianluca	**Perché la vuoi?**
	빼르케　라 부오이?
Beatrice	**Voglio andare a fare la spesa.**
	볼료　　　안다레 아 파레 라 스페자.
Gianluca	**Va bene, la porto a casa tua più tardi.**
	바　베네, 라 뽀르또 아 까자 뚜아 쀼 따르디.
Beatrice	**Grazie, a dopo.**
	그라찌에,　아 도뽀.

베아뜨리체	쟌루카, 친구 집에 가니?
쟌루카	응, 왜?
베아뜨리체	내 부탁 하나 들어줄래?
쟌루카	말해봐.
베아뜨리체	네 자전거를 내게 빌려줄래?
쟌루카	왜 필요한데?
베아뜨리체	장보러 가려고.
쟌루카	알았어. 나중에 너네 집에 가져다 줄게.
베아뜨리체	고마워, 이따 보자.

- (il) favore 호의
- dimmi 나에게 말해봐 (dire 동사의 2인칭 명령형과 1인칭 간접 목적격 대명사 mi의 합성어)
- mi 나에게 (간접 목적격 대명사)
- voglio: volere (원하다) 동사의 1인칭 직설법 현재
- portare 가져오다
- tua 당신의
- più tardi 나중에

A 소유형용사

인칭별 소유형용사(소유격)의 형태는 다음과 같으며, 뒤에 오는 명사의 성과 수에 일치시킨다.

	남성 단수	남성 복수	여성 단수	여성 복수
io	mio	miei	mia	mie
tu	tuo	tuoi	tua	tue
lui/lei (존칭 Lei)	suo	suoi	sua	sue
noi	nostro	nostri	nostra	nostre
voi	vostro	vostri	vostra	vostre
loro	loro	loro	loro	loro

명사가 소유형용사의 수식을 받을 때는 '관사＋소유형용사＋명사'의 순서로 쓴다.

il mio quaderno 나의 공책   i miei quaderni 나의 공책들

la mia matita 나의 연필   le mie matite 나의 연필들

il suo quaderno 그의/그녀의 공책   i suoi quaderni 그의/그녀의 공책들

il nostro quaderno 우리의 공책   i nostri quaderni 우리의 공책들

il vostro quaderno 그들의 공책   i vostri quaderni 그들의 공책들

※ 소유형용사와 가족/친척 명사

① 가족 명칭 앞에는 관사를 쓰지 않는다. 단, 예외적으로 3인칭 loro 앞에는 관사를 쓴다.

  tua madre 당신의 어머니   vostro padre 당신들의 아버지

  la loro figlia 그들의 딸   il loro figlio 그들의 아들

② 가족 명칭의 복수형 앞에는 관사를 쓴다.

  le mie sorelle 내 자매들   i miei zii 내 삼촌들

③ 가족 명칭 앞에 형용사가 오거나, 약칭이나 애칭이 사용되면 관사를 쓴다.

  il mio amato padre 나의 사랑하는 아버지

  la mia sorellina (약칭) 나의 어린 자매

  la mia cuginetta (애칭) 나의 어린 사촌

단어 amato 사랑하는   sorellina 어린 여동생   cuginetta 어린 사촌

B 직접 목적격 대명사

인칭별 직접 목적격 대명사는 강세형과 무강세형이 있다. 강세형은 강하게 읽어주며, 동사 뒤에 위치하고, 무강세형은 약하게 읽어주며 동사 앞에 위치한다.

	강세형	무강세형
io	me 나를	mi
tu	te 너를	ti
lui	lui 그를	lo
lei	lei 그녀를	la
Lei (존칭)	Lei 선생님을/부인을	La
noi	noi 우리를	ci
voi	voi 당신들을	vi
loro (남성)	loro 그들을	li
loro (여성)	loro 그녀들을	le

Silvia mi aspetta a casa. 실비아가 집에서 나를 기다립니다.

= Silvia aspetta me a casa.

Io e Stefano non riusciamo a fare questo esercizio, ci aiuti per favore?
나와 스테파노는 이 연습문제를 풀 수가 없어요, 우리를 도와주시겠어요?

Se fate in fretta, vi aspetto. 당신들이 서둘러서 하시면, 나는 당신들을 기다리겠습니다.

Buongiorno, signora, L'aspetto in ufficio. 안녕하세요 부인, 제가 사무실에서 부인을 기다리겠습니다.

① 직접 목적격 대명사 3인칭 lo, la, li, le는 사람 이외에, 동물, 사물도 대신 받는다.

Oggi compro il libro, leggo il libro e metto il libro nella libreria.
오늘 나는 책을 사서, 그 책을 읽고 그 책을 책장에 넣습니다.

→ Oggi compro il libro, lo leggo e lo metto nella libreria.

단어 aspettare 기다리다   riuscire a+동사 ~ ~하는 것을 할 수 있다

② 부정문은 'non+직접 목적격 대명사+동사'의 순서로 말한다.

> A: Sai dov'è il municipio? 시청이 어디 있는지 아세요?
> B: No, non lo so./Sì, lo so. 아니요, 그거 몰라요./네, 그거 알아요.

> A: Mangi il formaggio? 당신은 치즈를 먹습니까?
> B: No, non lo mangio mai. 아니요, 나는 그것을 전혀 먹지 않습니다.

> A: Dov'è la maglietta? 티셔츠는 어디 있나요?
> B: Non la trovo. 나는 그것을 찾지 못합니다.

③ 직접 목적격 대명사 3인칭 단수 lo/la 다음에 모음으로 시작하는 동사가 오는 경우에는 모음을 축약하여 l'로 써주지만, 복수형 li/le의 경우는 모음으로 시작하는 동사가 오더라도 축약하지 않는다.

> L'aspetto. 그를/그녀를 기다리겠습니다.
> Li/Le aspetto. 그들을/그녀들을 기다리겠습니다.

④ 문장에 동사가 두 개일 때, 직접 목적격 대명사는 두 번째 동사와 하나로 묶어준다.

> Vengo a trovarti. 나는 당신을 보러 갑니다.

⑤ 동사의 명령형 뒤에 직접 목적격 대명사가 올 때, 동사의 어미에 직접 목적격 대명사를 붙여 쓰기도 한다.

> Ascoltami! 내 말 들어봐!
> Prendilo! (prendi lui) 그를 데려와!
> Seguici! (segui noi!) 우리를 따라와!
> Guardalo! 그를(그것을) 보세요!

단어 sapere 알다   (il) municipio 시청   ascoltare 듣다   seguire 뒤따르다

● 가구

MP3 **09-2**

(la) camera da letto	침실	(il) comodino	협탁
(il) letto	침대	(la) lampada	램프
(il) cassetto	서랍장	(la) sveglia	자명종
(lo) specchio	거울	(la) scrivania	책상
(la) poltrona	1인용 소파	(il) tappeto	카페트
(il) materasso	매트리스	(la) tenda	커튼
(la) coperta	담요	(la) finestra	창문
(il) cuscino	베개	(la) toletta	화장대

연습문제

1. 다음 문장을 읽고 틀린 곳을 바르게 고치세요.

   (1) Ciao Vladimir, sua sorella è in casa?

   ▶ _____

   (2) Professore, suo libro è interessante.

   ▶ _____

   (3) Il nostro figlio vive a Milano.

   ▶ _____

   (4) Io e la mia moglie abitiamo a Milano.

   ▶ _____

2. 다음 문장을 읽고 빈칸에 알맞은 직접 목적격 대명사를 쓰세요.

   (1) Prendi un caffè? / Sì, _____ prendo.

   (2) Signora, _____ invito a cena.

   (3) Ragazzi sapete dov'è la farmacia? / No, non _____ sappiamo.

   (4) Chi porta le patatine? / _____ porta Demetria.

   (5) Chi porta la torta? / _____ porta Diego.

   (6) Chi porta i bicchieri? / _____ porta Vittoria.

   (7) Chi porta il gelato? / _____ porta Kira.

단어 invitare 초대하다 a cena 저녁 식사에 portare 가져오다 (le) patatine 감자튀김 (la) torta 케이크 (il) bicchiere 유리잔

3. 다음 문장을 이탈리아어로 쓰세요.

(1) 청년들, 너희들을 보러 갈게.

▶ Ragazzi, _____

(2) 나탈리아, 내 말 좀 들어봐.

▶ Natalia, _____

(3) 저것 좀 보세요.

▶ _____

(4) 그것을 나에게 가져오세요.

▶ _____

4. 대화를 듣고, 대화의 내용과 일치하면 V, 일치하지 않으면 F를 고르세요. 🔘 MP3 **09-3**

(1) Camilla va al supermercato.   (V , F)

(2) Paolo guarda dentro al frigorifero.   (V , F)

(3) Camilla cucina la pizza.   (V , F)

(4) Paolo e Camilla vanno a mangiare la pizza in pizzeria.   (V , F)

Cultura

· 피아쬬의 스쿠터, 베스파 ·

Vespa는 Piaggio사(社)의 스쿠터 모델의 산 역사이다. 1946년 4월 23일, Piaggio는 항공 기술자들이 격납고와 격납고 사이를 타고 다니는 스쿠터인 Vespa에 대한 특허를 냈다. Vespa라는 이름은 전 세계적으로 유명한데, Enrico Piaggio가 제품을 보고 스쿠터 몸통의 형태와 모터에서 나는 소리가 마치 "말벌 같다(Sembra una Vespa)"라며 감탄사를 연발한 데서 착안해 이름을 지은 것이다.

이 모델의 혁신은 오토바이의 바퀴 외장을 덮어 중요한 기계 부품을 보호하는 최초의 오토바이였다는 것이다. 비나 눈이 오는 궂은 날씨에 일반 오토바이를 타면 젖은 바퀴에서 흙탕물이 튀는 반면, Vespa는 바퀴 외장이 덮여 있어 이런 일이 없도록 했다.

 Vespa는 체인이 없이 뒷바퀴에 있는 기어 변속을 곧바로 허용하는 형식이다.

최초의 Vespa는 2 stroke, 3 기어, 점화장치, 3.2 강도의 버팀다리, 최고 속도 60km/h, 실린더 용량은 93cm³였다. Vespa의 가격은 68.000리라(약 4000 Euro)의 고가였는데, 이는 몇 개월을 일해야 살 수 있는 가격이었다. 그러나 할부 지불 방법의 등장으로 상상할 수 없을 만큼 많은 Vespa가 팔렸다.

Vespa는 수많은 모델로 생산되었다. 운전면허증 없이 14세부터 혼자 운전할 수 있는 실린더 50cm³ 1963년형 모델, 운전자 외에 승객 한 사람을 태우고 16세부터 운전할 수 있는 실린더 125cm³ 모델, 150cm³ 모델과 200cm³ 모델은 고속도로에서도 달릴 수 있도록 허가 되었다.

Vespa는 전 세계에서 가장 많이 판매된 산업 디자인의 한 예로 남아있다. Vespa의 외형은 독특하여, 누구든지 Vespa를 알아 보는 것에는 어려움이 없을 것이다.

Posso parlare con Gianna?

쟌나와 통화할 수 있나요?

주요 문법

- 조동사
- vorrei
- 간접 목적격 대명사

Pina	**Pronto, chi parla?** 프론또, 키 파를라?
Emanuele	**Pronto, sono Emanuele, posso parlare con Gianna?** 쁘론또, 소노 엠마누엘레, 뽀소 파를라레 콘 쟌나?
Pina	**Ciao Emanuele, Gianna non è a casa.** 챠오 엠마누엘레, 쟌나 논 에 아 카자.
Emanuele	**Quando torna?** 콴도 또르나?
Pina	**Non lo so. Ma perché vuoi parlare con lei?** 논 로 소. 마 뻬르케 부오이 파를라레 콘 레이?
Emanuele	**Dobbiamo fare i compiti insieme.** 도비아모 파레 이 콤피티 인씨에메.
Pina	**Va bene, l'avviso io.** 바 베네, 라비조 이오.
Emanuele	**Grazie.** 그라찌에.

피나	여보세요, 누구세요?
엠마누엘레	여보세요, 저는 엠마누엘레입니다. 쟌나와 통화할 수 있나요?
피나	안녕, 엠마누엘레, 쟌나는 집에 없는데.
엠마누엘레	언제 돌아오나요?
피나	모르겠다. 그런데 왜 그녀와 통화하려고 하니?
엠마누엘레	우리는 숙제를 같이 해야 해서요.
피나	알겠다, 그녀에게 내가 알려줄게.
엠마누엘레	감사합니다.

□ pronto 준비가 된　　　□ tornare 돌아오다　　　□ ma 그런데
□ avvisare 알리다

A 조동사

조동사는 다른 동사의 의미를 보조하여 돕는 역할을 하며, **potere, volere, dovere** 동사 등이 있다. 조동사 다음에는 동사의 원형을 쓰며, (직접·간접)목적격 대명사와 조동사를 함께 사용할 때는 목적격 대명사를 동사원형에 붙여 한 단어로 만들거나 조동사 앞에 둔다. 조동사의 부정은 조동사 앞에 **non**을 붙인다.

● potere 동사

'~할 수 있다'라는 뜻의 불규칙 동사로, 가능성, 허가, 허락 등을 나타낸다. 주로 의문문 형식으로 많이 사용된다.

io	posso	noi	possiamo
tu	puoi	voi	potete
lui/lei/Lei	può	loro	possono

A: Puoi venire al cinema stasera? 당신은 오늘 저녁에 영화관에 올 수 있나요?

B: No, non posso venire. 아니요, 나는 못 갑니다.

☞ 이 경우에 그냥 No, non posso라고 해도 된다.

Puoi aiutarmi ad apparecchiare? 당신은 식탁을 준비하는 나를 도와줄 수 있나요?
= Mi puoi aiutare ad apparecchiare?

● volere 동사

'~하고 싶다'라는 뜻의 불규칙 동사로, 희망이나 바람을 나타낸다.

io	voglio	noi	vogliamo
tu	vuoi	voi	volete
lui/lei/Lei	vuole	loro	vogliono

Voglio andare in vacanza! 나는 휴가를 가고 싶습니다!

Non vogliamo discutere con te. 우리는 당신과 언쟁하고 싶지 않습니다.

※ volere 동사는 일반동사로, '~을 원하다'의 의미도 있다.

Voglio un caffè. 커피 한 잔 마시고 싶다.

단어 aiutare 돕다   apparecchiare 상을 차리다   discutere 토의하다, 논쟁하다

● dovere 동사

'~해야 한다'라는 뜻의 불규칙 동사이며, 의무나 필요성을 나타낸다.

io	devo (debbo)	noi	dobbiamo
tu	devi	voi	dovete
lui/lei/Lei	deve	loro	devono (debbono)

Devo studiare. 나는 공부해야 합니다.

Dobbiamo mangiare la pasta. 우리는 파스타를 먹어야 합니다.

※ dovere 동사는 일반동사로, '빚을 지다', '신세나 빚을 갚아야 한다'는 의미도 있다.

Ti devo un caffè. 나는 너에게 커피 한 잔을 빚졌다.

Luca mi deve dei soldi. 루카는 내게 돈을 갚아야 한다.

Ⓑ vorrei

vorrei는 volere 동사의 조건법 1인칭으로, 식당에서 음식을 주문하거나, 상점에서 원하는 물건을 찾을 때와 같이 무언가를 공손하게 부탁할 때 사용한다. (조건법은 여기서 다루지 않는다.)

※ voglio *vs.* vorrei

voglio는 '확실하게 원한다'는 의미인 반면에, vorrei는 '가능하다면 원한다'는 의미이다. 따라서, 커피 바에서 '가능하면 커피 한 잔 하고 싶네요.', 식당에서 '가능하면, 스파게티를 먹고 싶습니다.', 친구와 대화할 때, '가능하면 나는 ~을 했으면 해'라는 의미로 자신의 의사를 부드럽게 표현하는 방법이다.

Vorrei un caffè, per favore. 커피 한 잔 주세요. (커피 한 잔 했으면 합니다.)

Vorrei comprare una maglietta. 티셔츠 한 장 샀으면 합니다.

Vorrei andare in Italia. 나는 이탈리아에 갔으면 합니다. (가능하다면, 이탈리아에 가고 싶다.)

cf.) Voglio andare in Italia. 나는 이탈리아에 가려고 합니다. (이탈리아에 꼭 가려는 것을 내포)

ⓒ 간접 목적격 대명사

간접 목적격 대명사는 '~에게'의 의미이다. 직접 목적격 대명사와 마찬가지로, 강세형과 무강세형이
있다. 강세형은 동사 뒤에, 무강세형은 동사 앞에 위치한다. 간접 목적격 대명사의 강세형은 전치사
를 동반한다.

	강세형	무강세형
io	a me 나에게	mi
tu	a te 당신에게	ti
lui	a lui 그에게	gli
lei	a lei 그녀에게	le
Lei (존칭)	a Lei 선생님에게/부인에게	Le
noi	a noi 우리에게	ci
voi	a voi 당신들에게	vi
loro	a loro 그들에게	gli

Vi telefono dopo.(= Telefono dopo a voi.) 나는 나중에 당신들에게 전화합니다.

명령형 동사와 간접 목적격 대명사를 함께 사용할 때, 동사의 어미에 간접 목적격 대명사(무강세형)
를 붙여 한 단어로 만들 수 있다. 이때, andare, dare, dire, fare 동사의 2인칭 단수 명령형 뒤에는
간접 목적격 대명사의 첫 자음을 중복하여 쓴다.

Portami il libro! 나에게 책을 갖다 줘! (=Porta il libro a me!)
Scrivile! 그녀에게 편지를 써! (=Scrivi a lei!)

Carlo, per favore, dammi la tua penna! 카를로 네 펜을 내게 주겠니!
Comportati bene e dille la verità! 행동 잘 하고 그녀에게 진실을 말해!
Facci sapere quando vieni da noi! 네가 올 때 우리에게 알려줘!

동사원형 뒤에 간접 목적격 대명사가 올 때, 동사원형의 어미에 간접 목적격 대명사를 붙여 한 단어
로 만들 수 있다.

Credo di piacerle.(= Credo di piacere a lei.) 나는 그녀가 좋아할 거라고 믿습니다.

단어 dopo 이후에   portare 가지고 가다

● 계절

MP3 **10-2**

| (la) primavera 봄 | (l')estate 여름 | (l')autunno 가을 | (l')inverno 겨울 |

● 요일

월요일	화요일	수요일	목요일
lunedì	martedì	mercoledì	giovedì
금요일	토요일	일요일	
venerdì	sabato	domenica	

● 시간 부사(구)

l'altro ieri 그제	ieri 어제	oggi 오늘
domani 내일	dopodomani 모레	fra due giorni 글피
(la) mattina 아침	(il) pomeriggio 오후	(la) sera 저녁
(la) settimana scorsa 지난 주	questa settimana 이번 주	(la) prossima settimana 다음 주
(il) mese scorso 지난 달	questo mese 이번 달	(il) prossimo mese 다음 달
(l') anno scorso 작년	quest'anno 올해	(il) prossimo anno 내년

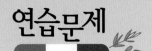

1. 주어진 단어를 순서에 맞게 배열하여 문장을 완성하세요.

   (1) (andare, con gli amici, vorrei, al mare)

   ▶ _____.

   (2) (con la mozzarella, il pomodoro, vorrei, mangiare)

   ▶ _____.

   (3) (nel caffè, un po' di zucchero, mettere, posso)

   ▶ _____?

   (4) (dov'è, della macchina, la chiave)

   ▶ _____?

2. 내용상 흐름이 자연스러운 문장끼리 연결하세요.

   (1) Dobbiamo uscire subito   ① perché ho mal di testa.

   (2) Voglio andare subito in farmacia ② altrimenti perdiamo il treno.

   (3) Dove sono le scarpe da ginnastica? ③ ma non mi sento sicuro.

   (4) Vorrei comprare questa macchina, ④ Non riesco a trovarle.

단어 sicuro 확실한   altrimenti 그렇지 않으면   riuscire ~할 수 있다   trovare 찾다

3. 다음 문장을 읽고 빈칸에 알맞은 간접 목적격 대명사를 쓰세요.

(1) Ragazzi, voglio offrir_____ la cena.

(2) Vado o non vado, cosa_____ consigli?

(3) Giulia è molto felice, cosa _____ succede?

(4) Voglio far_____ (a loro) un regalo.

(5) Vogliamo andare al mare, perchè _____ danno quattro giorni di vacanza.

(6) Oggi è il compleanno di Massimo. _____ regalo un libro.

(7) Dov'è Angela? _____ voglio dare un bacio.

(8) Devo parlare con Matteo. _____ telefono subito!

4. 대화를 듣고, 대화의 내용과 일치하면 V, 일치하지 않으면 F를 고르세요.　🔘 MP3 **10-3**

(1) Julia vuole un cappuccino.　　　　　　　　　　(V , F)

(2) Roberto vuole prendere un succo di frutta.　　(V , F)

(3) Francesco vuole un caffè normale.　　　　　　(V , F)

(4) Il barista è un loro amico.　　　　　　　　　(V , F)

Cultura
•이탈리아인과 도박•

이탈리아인과 도박은 어떤 관계일까? 연구에 의하면, 이탈리아인들이 행운을 얻기 위해 사용하는 금액은 믿지 못할 정도로 상당히 많으며, 도박에 사용하는 돈의 액수가 전 세계에서 4번째로 많은 국가이다. 2013년에 이탈리아에서 도박으로 사용된 총 금액은 850억 유로였다. 그 중에서 670억 유로는 도박에서 이긴 사람들에게 돌아갔고, 180억 유로는 모두 잃은 것이었다. 이 금액을 총 이탈리아인들로 나누면 한 사람이 하루에 450유로를 도박에 사용한다는 말이다.(호주인들은 더 심각한데, 같은 방법으로 계산하면 하루에 한 사람이 800유로를 도박에 사용한다.) 도박으로 사용된 총 금액 850억 유로 중에서 절반은 슬롯머신에, 30%는 온라인 게임에(이탈리아에서는 온라인 게임이 합법이다.) 20%는 로또, 그라타 에 빈치(**gratta e vinci**, 즉석 복권), 그리고 빙고에 사용되었다.

이 중에서 가장 대중적인 것은 그라타 에 빈치이다. 그라타 에 빈치는 커피 바나 타바케리아에서도 쉽게 구입이 가능하고, 한 장에 1유로에서, 2유로, 3유로, 5유로, 10유로 그리고 20유로짜리까지 있다.

그라타 에 빈치에 관한 한 일화를 소개하면, 2015년, 한 부부가 결혼하면서 하객들에게 다른 선물은 말고 그라타 에 빈치만을 요구했다. 하객들이 이 부부에게 전한 그라타 에 빈치의 수는 5000장이었다. 약 1주일 동안, 부부는 매일 이 그라타 에 빈치를 긁었다. 결과적으로 이 부부는 약 60만 유로(약 7억 5천만 원)를 얻었다.

Me lo dai per favore?

그것을 나에게 주실래요?

주요 문법

- piacere 동사
- 혼합 대명사 (복합 대명사)
- 대명사 ne

Giuseppe	Ciao, sei pronto per il viaggio?
	챠오, 세이 쁘론또 뻬르 일 비아죠?
Paolo	Certo, mi piace viaggiare con voi!
	체르또, 미 삐아체 비아쟈레 콘 보이!
Laura	Giuseppe, vicino a te ci sono i bagagli. Me li dai per favore!
	쥬세뻬, 비치노 아 떼 치 소노 이 바갈리. 메 리 다이 뻬르 파보레!
Giuseppe	Eccoli!
	에콜리!
Laura	Grazie, hai i biglietti dell'aereo?
	그라찌에, 아이 이 빌리에띠 델라에레오?
Giuseppe	Sì, li metto nella tua borsa.
	씨, 리 메또 넬라 뚜아 보르사.
Laura	Avete i vostri passaporti?
	아베떼 이 보스트리 파싸뽀르띠?
Paolo	Certo, li abbiamo.
	체르또, 리 아비아모.
Laura	Perfetto! Siete pronti?
	뻬르페또! 시에떼 쁘론티?
Paolo	Sì, siamo pronti!
	씨, 시아모 쁘론띠!
Laura	Va bene, andiamo!
	바 베네, 안디아모!

쥬세뻬	안녕, 너 여행 준비됐니?
파올로	응, 너희와 같이 여행 가서 좋아!
라우라	쥬세뻬, 네 옆에 여행가방들이 있지. 그것들 좀 나에게 줘!
쥬세뻬	자 여기 있어!
라우라	고마워, 비행기표 갖고 있니?
쥬세뻬	응, 그것을 네 가방에 넣어 둘게.
라우라	너희들 여권 갖고 있지?
파올로	당연히, 갖고 있지.
라우라	완벽해! 너희들 준비됐니?
파올로	그럼, 우린 준비됐어!
라우라	좋아, 가자!

□ pronto/a 준비된
□ (il) viaggio 여행
□ certo 확실한
□ vicino 근처의
□ (il) bagaglio 여행가방
□ (il) biglietto 표
□ (l') aereo 비행기
□ mettere 넣다
□ (il) passaporto 여권
□ perfetto 완벽한

ⓐ piacere 동사

piacere 동사는 영어의 like에 해당하는 동사로, '좋아하다', '마음에 들다'라는 뜻의 불규칙 동사이다. 하지만 영어의 like와 달리 piacere 동사는 '간접 목적격 대명사 + piacere 동사 + 주어'의 형식으로 사용한다. 직역하면 '~이(주어) ~에게(간접 목적격 대명사) 마음에 들다'의 의미로, '~을 좋아하다'의 의미가 된다. 즉, 좋아하는 주체는 간접 목적격 대명사 형태로 오고, 좋아하는 대상이 주어가 되는 형식이다. 따라서, 주어가 대부분 3인칭이며, 그에 맞춰 piacere 동사는 주로 3인칭 단수와 복수형태를 사용한다.

io	tu	lui/lei	noi	voi	loro
piaccio	piaci	piace	piacciamo	piacete	piacciono

Mi piace la pasta. = A me piace la pasta. 나는 파스타를 좋아합니다.

Ti piace la pasta. = A te piace la pasta. 당신은 파스타를 좋아합니다.

Le piace la pasta. = A lei piace la pasta. 그녀는 파스타를 좋아합니다.

Gli piace la pasta. = A lui piace la pasta. 그는 파스타를 좋아합니다.

Ci piace la pasta. = A noi piace la pasta. 우리는 파스타를 좋아합니다.

Vi piace la pasta. = A voi piace la pasta. 당신들은 파스타를 좋아합니다.

Gli piace la pasta. = A loro piace la pasta. 그들은 파스타를 좋아합니다.

Gli piacciono i biscotti. 그는/그녀는 비스킷을 좋아합니다.

Mi piacciono gli spaghetti. 나는 스파게티를 좋아합니다.

Non mi piacciono i biscotti. 나는 비스킷을 좋아하지 않습니다.

Non le piace la pasta. 그녀는 파스타를 좋아하지 않습니다.

● piacere + 동사원형 : ~하는 것을 좋아하다

A mio padre piace sciare. 나의 아버지는 스키 타는 것을 좋아하신다.

Mi piace cantare. 나는 노래하는 것을 좋아한다.

Non vi piace guidare. 당신들은 운전하는 것을 좋아하지 않습니다.

※ piacere 동사와 같은 문장 형식을 갖는 동사로는, occorrere '필요하다', bastare '충분하다', mancare '모자라다', servire '필요하다', interessare '흥미있다', sembrare '~인 것 같다' 등이 있다.

 biscotto 비스킷 pasta 파스타 guidare 운전하다

B 혼합대명사(복합대명사)

직접 목적격 대명사 3인칭 lo, la, li, le를 간접 목적격 대명사와 함께 사용할 때, 간접 목적격 대명사 mi, ti, ci, vi는 직접 목적격 대명사 앞에 위치하고, 각각 me, te, ce, ve로 바뀐다. 직접 목적격 대명사 lo, la, li, le는 형태가 변하지 않는다.

	lo	la	li	le
mi=a me	me lo	me la	me li	me le
ti=a te	te lo	te la	te li	te le
gli=a lui	glielo	gliela	glieli	gliele
le=a lei	glielo	gliela	glieli	gliele
ci=a noi	ce lo	ce la	ce li	ce le
vi=a voi	ve lo	ve la	ve li	ve le
loro=a loro	glielo	gliela	glieli	gliele

※ 3인칭에서 간접 목적격 대명사와 직접 목적격 대명사 사이에 'e'가 들어간 것은 발음을 부드럽게 하기 위한 것이다.

① 혼합대명사는 동사 앞에 위치한다.

Compro una bicicletta a Carlo. 카를로에게 내가 자전거를 하나 사줍니다.
　　　　　　la　　　　gli → Gliela compro.

② 혼합대명사는 말하는 사람과 듣는 사람이 이미 알고 있는 사물과 사람에 대해 사용한다.

Me lo dici? (Lo dici a me?) 당신은 그것에 대해서 내게 이야기 할래요?
Te lo dico. (Lo dico a te.) 나는 당신에게 그것에 대해서 이야기 합니다.

③ '조동사 + 동사원형 + 혼합대명사'의 구조는 동사원형의 어미를 삭제하고 혼합대명사를 붙인다.

Stefano vuole regalare un ombrello a me. 스테파노는 나에게 우산을 선물하고 싶어합니다.
　　　　　　　　　　　　lo　　　　mi → Stefano vuole regalarmelo.

④ 동사의 명령형 뒤에 혼합대명사가 올 때는 동사 뒤에 혼합대명사를 붙인다.

Regala un ombrello a Riccardo. 리카르도에게 우산을 선물하시오!
　　　　lo　　　　gli → Regalaglielo!

ⓒ 대명사 ne

어떤 수량의 한 부분을 나타내는 말로, '~중에서 (부분)'의 의미이다. 문장에서 ne는 'ne+동사'의 어순으로 사용한다.

A: Vuoi delle mele? 사과를 사시겠습니까?

B: Sì grazie, ne vorrei cinque. 네 감사합니다. 그 사과들 중에서 5개 주세요.
　　　　　　= delle mele (여러 사과들 중에서)

※ 간접 목적격 대명사 + ne

간접 목적격 대명사가 ne와 만나면 간접 목적격 대명사는 혼합대명사 형태인 me ne, te ne, gliene, ce ne, ve ne, gliene 등으로 변한다.

me ne : Mi dai tre biglietti. 나에게 표 3장 주세요.
　　　　= Me ne dai tre. (그 표들 중에서 3장)

te ne　: Ti porto due fette di torta. 당신에게 케이크 2 조각을 가져다 주겠습니다.
　　　　= Te ne porto due. (여러 조각의 케이크 중에서 2 조각)

ce ne　: Ci regalano un quadro. 우리에게 그들이 액자 하나를 선물합니다.
　　　　= Ce ne regalano uno. (여러 액자 중에서 하나)

ve ne　: Vi vendono due tavoli. 당신들에게 테이블 2개를 팝니다.
　　　　= Ve ne vendono due. (여러 테이블 중에서 2개)

● 공항   MP3 **11-2**

a bordo	탑승	(la) registrazione	체크인
(il) volo	비행	(la) classe economica	이코노미
andata e ritorno	왕복	(il) corridoio	복도
andata	편도	(il) decollo	이륙
(l') agenzia di viaggio	여행사	(l') atterraggio	착륙
(l') arrivo	도착	(la) navetta	셔틀
(il) bagaglio	여행가방	(il) numero del volo	비행편 번호
(il) bagaglio a mano	기내용 가방	(il) passaporto	여권
(la) cabina	객실	(il) passeggero	승객
(la) carta d'imbarco	탑승권	(la) prenotazione	예약

연습문제

1. 다음 문장의 빈칸에 주어진 동사의 알맞은 형태를 쓰세요.

(1) Gianni, ti _____ (piacere) usare il computer?

(2) A me non _____ (piacere) urlare.

(3) Ti _____ (piacere) andare a ballare?

(4) A Monica _____ (interessare) molto il cinema europeo.

(5) A Barbara ed Enzo _____ (piacere) mangiare al ristorante.

(6) Gli _____ (piacere)gli spaghetti alle vongole.

(7) Mi _____ (piacere) le cittá d'arte.

(8) A te _____ (piacere) fare colazione a casa?

2. 다음 문장을 혼합대명사를 사용하여 고치세요.

(1) Se non vengo, lo dico a te.

  ▶ _____

(2) Questa torta è buona, dai una fetta ancora a me.

  ▶ _____

(3) Se Marta dimentica la penna, presto io una penna a lei.

  ▶ _____

(4) Devo comprare un regalo a Giuseppe.

  ▶ _____

단어 urlare 소리 지르다   ballare 춤추다   europeo 유럽의

3. 다음 문장의 빈칸에 알맞은 대명사를 쓰세요.

(1) Quante pagine studi? _____ studio venti.

(2) Domani sera _____ chiamo, così potete avere notizie di Barbara.

(3) Quando arriva l'autobus? Sono stanco di aspettar_____.

(4) Io ed Enzo _____ incontriamo alle tre.

(5) Rita, a tua madre regali un paio di orecchini? Sì, _____ regalo.

(6) Giorgio, mi puoi prestare la macchina? Va bene _____ presto.

(7) Mi puoi portare le chiavi? _____ porto subito!

(8) Signora, _____ aspetto in salotto.

4. 대화를 듣고, 대화의 내용과 일치하면 V, 일치하지 않으면 F를 고르세요.   📀 MP3 11-3

(1) Aida è al bar.   (V , F)

(2) Luca prepara un viaggio.   (V , F)

(3) Luca presta la bicicletta ad Aida.   (V , F)

(4) Aida va in bicicletta con Luca.   (V , F)

단어 stanco/a 피곤한   (il) salotto 거실

· 이탈리아의 예술적 자산 ·

이탈리아는 건축학, 인문학, 음악, 산업 디자인 등 여러 분야를 아우르며 풍부한 예술적 자산을 자랑한다. 로마 제국은 거대한 고고학적 유물을 남겼고 이탈리아 반도는 중세 인본주의와 르네상스의 산실이 되었다. 건축학 자산은 값을 매길 수 없을 만큼 대단히 귀중하여 고대의 모든 유물은 세계적으로도 유일한 양식에 흉내 낼 수 없는 특징을 가지고 있다.

이탈리아에는 Giotto부터, Botticelli, Leonardo, Michelangelo, Tintoretto, Caravaggio까지 수많은 예술가들이 있다. 또한 Verdi, Puccini 등과 같은 유명한 음악가들과 영화감독 Federico Fellini까지 이탈리아에서 탄생했다.

정치적 사고, 철학과 예술 등은 Macchiavelli, Dante, Leonardo와 Galileo 같은 인물들이 등장하며 크게 발전되었다. 최근에는 Giosué Carducci, Eugenio Montale, Grazia Deledda, Luigi Pirandello, Salvatore Quasimodo와 Dario Fo 같은 이탈리아인들이 노벨 문학상을 타며 이탈리아의 문학을 널리 알렸다.

20세기에 들어서, 산업디자인과 패션이 발달하면서, 이탈리아는 "아름다운 나라"라는 이미지를 갖게 되었다. 이로 인해 이탈리아의 예술적 다양성과 그 독특함이 전 세계로 퍼져 나갔다. 이탈리아는 유네스코의 세계 유산목록에 수많은 물품들이 등재되어 있으며, 세계 문화유산의 60%를 차지하고, 세계에서 5번째로 관광객이 많이 찾는 나라이다.

Mi sono alzata in ritardo.

나는 늦게 일어났습니다.

Beatrice	**Marco, hai visto Camilla?** 마르코, 아이 비스토 카밀라?
Marco	**Sì, l'ho vista stamattina.** 씨, 로 비스타 스타마띠나.
Beatrice	**Ti ha detto qualcosa?** 띠 아 데또 꽐꼬자?
Marco	**Sì, abbiamo deciso di incontrarci alle 12 davanti alla farmacia.** 씨, 아비아모 데치조 디 인콘트라르치 알레 도디치 다반띠 알라 파르마치아.
Beatrice	**Eccola!** 에꼴라!
Camilla	**Scusate, vi ho fatto aspettare? Mi sono alzata in ritardo.** 스쿠자떼, 비 오 파또 아스페따레? 미 소노 알자따 인 리따르도.
Marco	**Va bene, non ti preoccupare. Allora, dove andiamo per il pranzo?** 바 베네, 논 띠 쁘레오쿠파레. 알로라, 도베 안디아모 뻬르 일 쁘란쪼?
Camilla	**Mi ricordo un buon ristorante vicino al Tevere.** 미 리꼬르도 운 부온 리스토란테 비치노 알 테베레. **Si chiama L'Antico Tevere.** 씨 키아마 란티코 테베레.
Marco	**Lo conosco, Beatrice te lo ricordi?** 로 코노스코, 베아트리체 떼 로 리꼬르디? **Ci siamo andati insieme una settimana fa.** 치 시아모 안다띠 인시에메 우나 세띠마나 파.
Beatrice	**Mi ricordo. Quel ristorante è buono. Andiamoci!** 미 리꼬르도. 꾸엘 리스토란테 에 부오노. 안디아모치!

베아뜨리체　마르코, 카밀라 봤니?

마르코　응, 오늘 아침에 그녀를 봤어.

베아뜨리체　그녀가 너에게 무슨 말했니?

마르코　응, 우리 12시에 약국 앞에서 보기로 했어.

베아뜨리체　여기 왔네!

카밀라　미안해, 많이들 기다렸니? 늦게 일어났어.

마르코　괜찮아, 걱정마. 그럼, 우리 어디로 점심 식사하러 갈까?

카밀라　테베레 옆에 맛있는 식당이 있는 걸 기억해. 이름이 안티코 테베레야.

마르코　거기 알아, 베아뜨리체 거기 기억하니? 우리 일주일 전에 거기 같이 갔었잖아.

베아뜨리체　기억해. 그 식당 괜찮아(좋아). 거기로 가자!

☐ **incontrare** 만나다　　☐ **decidere** 결정하다　　☐ **preoccupare** 걱정하다

☐ **ricordarsi** 기억하다　　☐ **ci** 여기서는 장소 대명사로, 거기라는 의미

☐ **fa** 전에 (영어의 ago)

Ⓐ 재귀동사

재귀동사는 주어의 행동이 주어 자신에게 돌아오는 동사를 말한다. 형태는 일반동사의 인칭별 변화형 앞에 재귀대명사 **mi, ti, si, ci, vi, si**가 오는 형태이며, 재귀동사의 원형은 어미가 –si 형태이다.

	pettinarsi 머리를 빗다	mettersi 옷을 입다	svegliarsi 잠을 깨다
io	mi pettino	mi metto	mi sveglio
tu	ti pettini	ti metti	ti svegli
lui/lei (존칭 Lei)	si pettina	si mette	si sveglia
noi	ci pettiniamo	ci mettiamo	ci svegliamo
voi	vi pettinate	vi mettete	vi svegliate
loro	si pettinano	si mettono	si svegliano

Io mi pettino. 나는 머리를 빗습니다.
Tu ti metti. 당신은 옷을 입습니다.
Noi ci svegliamo. 우리는 일어납니다.

그 밖에 재귀동사로는, **lavarsi**(씻다), **vestirsi**(옷을 입다), **arrabbiarsi**(화를 내다), **pentirsi**(후회하다) 등이 있다.

조동사 **volere, potere, dovere** 뒤에 재귀동사가 올 때에는, 재귀대명사 부분을 조동사 뒤 동사의 어미에 붙여 한 단어처럼 쓰거나, 조동사 앞에 쓴다.

Devo alzarmi presto. 나는 일찍 일어나야 합니다.
= Mi devo alzare presto.

Ⓑ 근과거

지난 일에 대해 말할 때 사용하되, 그 행위가 현재에도 영향을 미치는 경우에 사용한다. 'essere 동사나 **avere** 동사의 현재형+과거분사'의 형태로 사용하며, **essere** 동사 뒤에는 자동사, **avere** 동사 뒤에는 타동사가 온다.

※ 과거분사의 규칙 변화와 불규칙 변화

① 규칙 변화

–are → ato	–ere → uto	–ire → ito
parlare 말하다 – parlato	credere 믿다 – creduto	dormire 잠을 자다 – dormito
andare 가다 – andato	sedere 앉다 – seduto	partire 출발하다 – partito
mandare 보내다 – mandato	ricevere 받다 – ricevuto	finire 끝내다 – finito

② 불규칙 변화

동사	과거분사	동사	과거분사	동사	과거분사
essere ~이다	stato	chiedere 묻다	chiesto	offrire 제공하다	offerto
fare 하다	fatto	scrivere 쓰다	scritto	perdere 잃어버리다	perso
aprire 열다	aperto	giungere 합하다	giunto	prendere ~을 취하다	preso
chiudere 닫다	chiuso	ridere 웃다	riso	produrre 생산하다	prodotto
bere 마시다	bevuto	piangere 울다	pianto	rendere 돌려주다	reso
accendere 불을 켜다	acceso	leggere 읽다	letto	rimanere 남아있다	rimasto
spengnere 불을 끄다	spento	spendere 사용하다 (돈을 쓰다)	speso	scegliere 선택하다	scelto
nascere 태어나다	nato	succedere 일어나다	successo	scendere 내려가다	sceso
vivere 살다	vissuto	tradurre 번역하다	tradotto	scrivere 글을 쓰다	scritto
morire 죽다	morto	vedere 보다	visto	correre 뛰다	corso
rispondere 대답하다	risposto	venire 오다	venuto	mettere 넣다	messo
dire 말하다	detto	vincere 이기다	vinto	rompere 부수다	rotto

- avere 동사 현재형 + 과거분사(타동사)

타동사는 목적어를 동반하거나, 의미에 이미 목적어가 내포되어 있는 동사를 말한다. avere 동사 뒤에 오는 타동사의 과거분사는 명사의 성·수에 영향을 받지 않는다.

Hai dormito. 당신은 잠을 잤습니다.

Ho parlato. 나는 말을 했습니다.

Abbiamo scritto un'e-mail(=una e-mail). 우리는 이메일을 썼습니다.

- essere 동사 현재형 + 과거분사(자동사)

essere 동사 뒤에 오는 자동사의 과거분사는 주어로 오는 명사의 성·수에 따라 형태가 변한다. 자동사는 3가지 유형으로 분류할 수 있다.

① 움직임을 표현하는 동사

partire(출발하다), uscire(나가다), tornare(돌아오다), entrare(들어가다), salire(올라가다), scendere(내려가다), arrivare(도착하다), andare(가다), venire(오다) 등

Sono partito/a. 나는 출발했습니다.

Sei uscito/a di casa. 당신은 집에서 나갔습니다.

È tornato/a. 그/그녀는 돌아왔습니다.

Siete andati/e. 당신들은 갔습니다.

Siamo entrati/e. 우리는 들어갔습니다.

☞ 주어가 남성 복수일 때는 entrati, 여성 복수일 때는 entrate, 남성과 여성이 섞여 있을 때는 항상 남성 복수형태를 쓴다.

② 재귀동사

alzarsi(일어나다), svegliarsi(잠에서 깨다), lavarsi(씻다), vestirsi(옷을 입다), pettinarsi(머리를 빗다), incontrarsi(서로 만나다) 등

Mi sono alzato/a. 나는 일어났습니다.

Ti sei svegliato/a. 당신은 잠에서 깼습니다.

Si è lavato/a. 그/그녀는 씻었습니다.

Ci siamo vestiti/e. 우리는 옷을 입었습니다.

Vi siete pettinati/e. 당신들은 머리를 빗었습니다.

Si sono incontrati/e. 그들은 만났습니다.

③ 상태, 변화를 나타내는 동사

　stare(머무르다), rimanere(남다), restare(남아 있다), diventare(~이 되다), nascere(태어나다), morire(죽다) 등

Sono stato/a a casa. 나는 집에 있었습니다.

Sei rimasto/a a casa. 당신은 집에 남아 있었습니다.

È restato/a a casa. 그/그녀는 집에 있었습니다.

Siamo diventati/e famosi/e. 우리는 유명해졌습니다.

Siete nati/e a Napoli. 당신들은 나폴리에서 태어났습니다.

Sono morti/e. 그들은 세상을 떠났습니다.

※ essere, avere 동사의 과거분사

	essere 동사	avere 동사
io		
tu	stato/a	
lui/lei (존칭 Lei)		avuto
noi		
voi	stati/e	
loro		

* stare, essere 동사의 과거분사형은 같다.

Sono stato a Roma. 나는 로마에 있었습니다.

Ho avuto un problema. 나는 문제가 있었습니다.

ⓒ 직접 목적격 대명사 + avere 동사 + 과거분사

직접 목적격 대명사 3인칭 단수형 lo, la는 근과거의 조동사 avere 동사 앞에 위치할 때 모음 o, a를 삭제하고 l'의 형태로 쓰고, 복수형 li, le는 모음을 삭제하지 않는다. 이때 과거분사의 어미는 직접 목적격 대명사의 성과 수에 일치시켜, 각각 -o, -a, -i, -e로 끝난다.

A: Hai bevuto il latte? 당신은 우유를 마셨습니까?

B: Sì, l'ho bevuto. 네, 그것을 마셨습니다.

A: Avete comprato la torta? 당신들은 케이크를 샀습니까?

B: No, non l'abbiamo comprata. 아니요, 그것을 사지 않았습니다.

A: Hai visto i ragazzi? 당신은 청년들을 보았습니까?

B: No, non li ho visti. 아니요, 그들을 보지 못했습니다.

A: Hai comprato le scarpe? 당신은 신발을 샀습니까?

B: Sì, le ho comprate. 네, 그것을 샀습니다.

● 재귀동사　　　　　　　　　　　　　　　　　　　　　　　🔘 MP3 **12-2**

arrabbiarsi	화나다	vestirsi	옷을 입다
dimenticarsi	잊어버리다	sentirsi	느끼다
divertirsi	즐기다	sposarsi	결혼하다
pettinarsi	머리 빗다	rilassarsi	휴식하다
prepararsi	준비하다	vergognarsi	부끄러워하다
sedersi	앉다	preoccuparsi	걱정하다
truccarsi	화장하다	lamentarsi	불평하다

● 몸

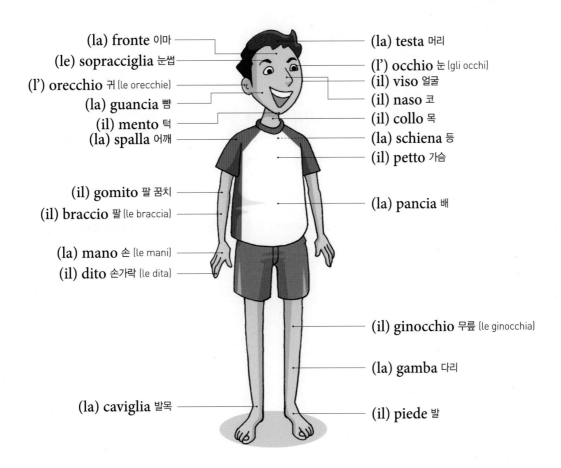

(la) fronte 이마
(le) sopracciglia 눈썹
(l') orecchio 귀 (le orecchie)
(la) guancia 뺨
(il) mento 턱
(la) spalla 어깨
(il) gomito 팔 꿈치
(il) braccio 팔 (le braccia)
(la) mano 손 (le mani)
(il) dito 손가락 (le dita)
(la) caviglia 발목

(la) testa 머리
(l') occhio 눈 (gli occhi)
(il) viso 얼굴
(il) naso 코
(il) collo 목
(la) schiena 등
(il) petto 가슴
(la) pancia 배
(il) ginocchio 무릎 (le ginocchia)
(la) gamba 다리
(il) piede 발

연습문제

1. 다음 동사들의 과거분사를 쓰세요.

    (1) essere   _____

    (2) avere   _____

    (3) nascere   _____

    (4) prendere   _____

    (5) perdere   _____

    (6) scrivere   _____

    (7) chiudere   _____

    (8) aprire   _____

2. 다음 문장의 빈칸에 주어진 동사의 알맞은 근과거 형태를 쓰세요.

    (1) Io _____ (mangiare) al ristorante La Rampa.

    (2) Io e Maria _____ (incontrarsi) all'una di pomeriggio.

    (3) Stefania _____ (nascere) il 27 Maggio del 1980 a Roma.

    (4) Tu, _____ (andare) a Milano?

    (5) Natalia e Matteo _____ (svegliarsi) alle 7.

3. 다음 질문에 이탈리아어로 답하세요.

   (1) Hai comprato la frutta?
       ► Sì, _____

   (2) Avete fatto gli esercizi per oggi?
       ► No, _____

   (3) Hai riempito le valigie?
       ► Sì, _____

   (4) Hai scelto il regalo per Giulia?
       ► Sì, _____

4. 이야기를 듣고, 내용과 일치하면 V, 일치하지 않으면 F를 고르세요.   🎧 MP3 **12-3**

   (1) Emma si alza alle 7:00.   (V , F)

   (2) Emma va spesso in discoteca con gli amici.   (V , F)

   (3) Emma lavora fino alle 18:00.   (V , F)

   (4) Emma arriva in ufficio in ritardo.   (V , F)

단어 riempire 가득 채우다

· 바티칸 ·

바티칸은 2017년 기준 605명이 거주하는, 국가 면적 0.44km²의 세계에서 가장 작은 도시 국가이다. 이탈리아와 바티칸은 1929년 바티칸을 독립국가로 인정하는 문서에 서명했다. 바티칸은 전제주의적 성격의 선거군주제에 기반을 두고 있으며, 국가의 수장은 교황이다. 교황은 법률의 인정과 거부, 국가의 경영과 재판에 대한 권한을 갖는다.

바티칸을 상징하는 국기는 2개의 부분으로 나뉜다. 한 부분은 노란색이고 다른 한 부분은 흰색이다. 흰색 위에는 바티칸을 상징하는 왕관과 두 개의 열쇠가 서로 교차하여 놓여있다.

바티칸의 화폐는 유로이고 그들만의 우표를 사용한다. 바티칸에는 1861년에 출판을 시작한 L'osservatore Romano라는 일간지가 있으며, Radio Vaticana라는 한 개의 라디오 방송국이 있다. 이 방송국은 1931년부터 세계 여러 나라의 언어로 방송을 하고 있다.

1506년부터 스위스 병사들이 교황과 국가의 안전을 책임지고 있으며, 이들은 미켈란젤로가 디자인한 제복을 입고 있다. 경찰 업무 또한 스위스인들이 맡고 있으며 바티칸의 경찰과 같은 이 기관은 Gendarmeria라고 한다.

Da quale binario parte il treno per Firenze?

피렌체 가는 기차는 어느 플랫폼에서 출발하나요?

주요 문법

- uscire동사, partire동사
- 동명사
- 단순미래

Bigliettaia	**Buongiorno.** 부온조르노.
Matteo	**Buongiorno, vorrei un biglietto per andare a Firenze.** 부온조르노, 보레이 운 빌리에또 뻬르 안다레 아 피렌쩨.
Bigliettaia	**Quando parte?** 꽌도 빠르떼?
Matteo	**Parto oggi.** 빠르또 오지.
Bigliettaia	**C'è un Intercity alle 11.40. oppure una Freccia Rossa alle 12.** 체 운 인테르시티 알레 운디치 에 꽈란따 오뿌레 우나 프레챠 로사 알레 도디치.
Matteo	**Allora prendo un biglietto per l'Intercity.** 알로라 쁘렌도 운 빌리에또 뻬르 린테르시티.
Bigliettaia	**Andata e ritorno o solo andata?** 안다따 에 리또르노 오 솔로 안다따?
Matteo	**Andata e ritorno.** 안다따 에 리또르노.
Bigliettaia	**Costa 77 euro.** 코스타 세딴따 세떼 에우로.
Matteo	**Ecco 77 euro. Da quale binario parte?** 에코, 세딴따 세떼 에우로. 다 꽐레 비나리오 빠르떼?
Bigliettaia	**Parte dal binario 2.** 빠르떼 달 비나리오 두에.
Matteo	**Grazie, buona giornata.** 그라찌에, 부오나 죠르나따.
Bigliettaia	**Grazie a Lei.** 그라찌에 아 레이.

빌리에따이아	안녕하세요.
마테오	안녕하세요, 피렌체 가는 표를 사고 싶습니다.
빌리에따이아	언제 출발하실 건가요?
마테오	오늘 출발하려고 합니다.
빌리에따이아	11시 40분 발 인터시티와 12시 발 프레챠 로사가 있습니다.
마테오	그러면, 인터시티 표 한 장 주세요.
빌리에따이아	왕복표를 원하세요, 아니면 그냥 편도만 원하시나요?
마테오	왕복표 주세요.
빌리에따이아	77유로입니다.
마테오	77유로 여기 있습니다. 몇 번 플랫폼에서 출발하나요?
빌리에따이아	2번 플랫폼에서 출발합니다.
마테오	감사합니다. 좋은 날 되세요.
빌리에따이아	선생님께도 감사드립니다.

- ☐ (il/la) bigliettaio/a 매표원
- ☐ oppure 혹은 (= o, 영어의 or)
- ☐ andata e ritorno 왕복
- ☐ andata 편도
- ☐ (il) binario 플랫폼

ⓐ uscire 동사, partire 동사

● uscire 동사

'나가다', '외출하다'라는 뜻의 불규칙 동사이다.

io	esco	noi	usciamo
tu	esci	voi	uscite
lui/lei/Lei	esce	loro	escono

A: Che fai stasera, esci? 당신은 오늘밤에 무엇을 하시나요, 외출하시나요?

B: No, resto a casa. 아니요. 집에 있습니다.

'~에서 나간다'라고 말할 때는 장소 앞에 전치사 **da**를 쓰고, 나가는 목적을 말할 때는 '**per**＋동사 원형'의 형태로 말한다.

A: Quando uscite dalla stanza? 당신들은 방에서 언제 나올 겁니까?

B: Usciamo adesso. 우리는 지금 나갑니다.

Esco dall'ufficio per andare a casa. 나는 집에 가려고 사무실에서 나갑니다.

Escono per comprare il latte. 그들은 우유를 사러 나갑니다.

Esco di casa stasera. 나는 오늘밤 집에서 나갑니다. (오늘밤 외출합니다.)

※ '내 집에서' 나간다고 할 때는 di casa이다.

● partire 동사

'출발하다'라는 뜻의 규칙 동사로, 출발장소 앞에는 **da**, 도착장소 앞에는 **per**를 쓴다.

io	parto	noi	partiamo
tu	parti	voi	partite
lui/lei/Lei	parte	loro	partono

Il treno per Napoli parte alle 15. 나폴리로 가는 기차는 15시에 출발합니다.

Parto da Venezia per Parigi. 나는 베네치아(베니스)에서 출발해서 파리로 갑니다.

Quando partite da Milano per la Francia? 당신들은 언제 밀라노에서 프랑스로 출발합니까?

단어 stamattina 오늘 아침

Da quale binario parte il treno per Firenze? 피렌체로 가는 기차는 어느 플랫폼에서 출발하나요?

Da quale cittá partono Giuseppe e Maria? 쥬세뻬와 마리아는 어느 도시에서 출발하나요?

Con chi partono per la Germania? 그들은 누구와 함께 독일로 출발하나요?

A che ora parti per Milano? 당신은 몇 시에 밀라노로 출발하나요?

Ⓑ 동명사

동명사는 주절의 동사와 동시에 이루어지는 동작이나 이유를 나타낼 때 사용하며, '~하면서', '~해서' 등의 의미로 해석된다. 동사 그룹별 동명사 현재형을 만드는 방법은 다음과 같다.

※ 동명사의 현재형

–are → –ando	–ere → –endo	–ire → –endo
mangiare 먹다 → mangiando	essere ~이다 → essendo	partire 출발하다 → partendo
guardare 보다 → guardando	avere 가지다 → avendo	dormire 잠자다 → dormendo
studiare 공부하다 → studiando	credere 믿다 → credendo	uscire 나가다 → uscendo
arrivare 도착하다 → arrivando	bere 마시다 → bevendo	pulire 씻어내다 → pulendo
parlare 말하다 → parlando	correre 달리다 → correndo	capire 이해하다 → capendo

Mangiando il gelato sono contento. 나는 아이스크림을 먹어서 좋습니다.

Correndo per strada sono caduto. 나는 길을 달리다가 넘어졌습니다.

Pulendo il pesce Emma ha guardato la TV. 엠마는 생선을 씻으면서 TV를 보았습니다.

Giorgio mangia la pizza guardando la televisione. 죠르조는 텔레비전을 보며 피자를 먹습니다.

Studiando tanto, posso superare un'esame difficile.
나는 공부를 많이 해서, 어려운 시험을 통과할 수 있습니다.

● stare + 동명사 (현재진행형)

말하는 시점에 동작이 진행 중임을 나타내는 형태이다.

Adesso sto uscendo di casa. 지금 나는 집을 나가고 있습니다.

Sto bevendo. 나는 술을 마시고 있습니다.

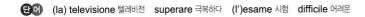

단어 (la) televisione 텔레비전   superare 극복하다   (l')esame 시험   difficile 어려운

● 동명사 + 직접 목적격 대명사

동명사 뒤에 직접 목적격 대명사가 올 때, 이 둘을 붙여 한 단어로 쓴다.

Guardandola, ho capito che è lei. 그녀를 보니, 나는 그녀가 누구인지 이해했습니다.

ⓒ 단순미래

● 규칙 변화

	studiare 공부하다	credere 믿다	partire 출발하다
io	studierò	crederò	partirò
tu	studierai	crederai	partirai
lui/lei (존칭 Lei)	studierà	crederà	partirà
noi	studieremo	crederemo	partiremo
voi	studierete	crederete	partirete
loro	studieranno	crederanno	partiranno

A: **Quando partirai per l'Italia?** 언제 당신은 이탈리아로 출발할 건가요?
B: **Partirò fra otto mesi.** 약 8개월 뒤에 출발할 겁니다.

● 불규칙 변화

	essere 이다	avere 가지다	andare 가다
io	sarò	avrò	andrò
tu	sarai	avrai	andrai
lui/lei (존칭 Lei)	sarà	avrà	andarà
noi	saremo	avremo	andremo
voi	sarete	avrete	andrete
loro	saranno	avranno	andranno

A: Dove comprerai un regalo per tua madre? 당신의 어머니 선물을 어디서 살 건가요?

B: Lo comprerò al centro commerciale. 선물은 백화점에서 살 겁니다.

A: Quando andrai da tua madre? 당신의 어머니 댁에는 언제 갈 건가요?

B: Sarò* da mia madre fra** 2 ore. 2시간 뒤에는 어머니 댁에 갈 겁니다.

* Sarò는 영어의 (I) will be에 해당
** fra는 '(현재를 기준으로) ~후에'라는 뜻의 전치사로, 영어의 in에 해당

※ 그 밖에 불규칙 변화의 유형

-care, -gare로 끝나는 동사들은 각각 c, g 다음에 h를 넣고 규칙 동사처럼 변화하며,
-ciare, -giare로 끝나는 동사들은 i를 삭제하고 규칙 동사처럼 변화한다.

-care, -gare	-ciare, -giare
cercare 구하다/찾다 → cercherò mancare 모자라다/그립다 → mancherò pagare 지불하다 → pagherò pregare 기도하다 → pregherò	baciare 뽀뽀하다 → bacerò cacciare 사냥하다 → caccerò mangiare 먹다 → mangerò viaggiare 여행하다 → viaggerò lasciare 내버려두다 → lascerò fasciare 감싸다 → fascerò

단순미래 시제는 다음과 같은 경우에 사용한다.

① 앞으로 일어날 사건이나 계획에 대해 말할 때(실현되는 데 시간이 많이 걸리며, 미래의 때를 정확히 알지 못할 때 사용한다.)

Fra qualche anno andrò a vivere a Roma.
몇 년 뒤에 나는 로마에 살러 갑니다. (몇 년 뒤인지 정확하지 않다.)

L'anno prossimo i miei genitori faranno un viaggio negli Stati Uniti.
내년에 내 부모님은 미국 여행을 하실 것입니다.

Fra due mesi Luigi lavorerà in una fabbrica.
2달 뒤에 루이지는 한 공장에서 일을 할 것입니다.

② 의심, 추측, 날씨 예보, 약속을 표현할 때(의심, 추측, 날씨 예보나 약속은 절대적인 것이 아니라 상황에 따라 달라질 수 있는 것이므로 미래형으로 표현한다.)

Sarà Maria? 마리아인가?

Che ore saranno? 몇 시쯤 되었나요?

Domani il tempo sarà bello. 내일은 날씨가 좋을 것입니다.

Tu mangi troppo poco, dimagrirai! 당신은 너무 적게 먹네요, 마르겠어요!

Da ora in poi farò la dietá. 나는 지금부터 줄곧 다이어트를 하겠습니다.

③ 명령이나 조언을 할 때

Per il prossimo esame ti preparerai meglio. 당신은 다음 시험에는 더 나은 준비를 하겠죠.

Metterai subito in ordine la tua camera. 당신의 방을 즉시 정리하세요.

미래시제는 앞으로 발생할 불확실한 사건을 말하는 데 사용된다. 미래에 일어날 것이 확실한 사건은 주로 미래를 나타내는 부사와 함께 직설법 현재시제를 사용한다.

Domani vado in montagna. 내일 나는 산에 갑니다.

Tra due giorni parto per le vacanze. 이틀 뒤에 나는 휴가를 떠납니다.

단어 in poi 앞으로

● 역

MP3 **13-2**

[명사]

(la) stazione	역	(il) treno diretto	직통
(la) stazione dei treni	기차역	(il) posto	자리
(la) stazione degli autobus	버스 터미널	(la) multa	벌금
(il) biglietto	표	(il) binario	플랫폼
(la) biglietteria	매표소	(il) tabellone	전광판
(la) macchinetta obliteratrice	자동 검표기	(la) partenza	출발
(il) biglietto di andata e ritorno	왕복표	(l')arrivo	도착

[동사]

prenotare	예약하다	cambiare	바꾸다
controllare	검사하다	indicare	표시하다/나타내다
arrivare	도착하다	obliterare	검표하다
sedere	앉다	inserire	넣다, 삽입하다

연습문제

1. 다음 문장을 이탈리아어로 쓰세요.

(1) 너 오늘밤에 누구와 나갈 거니?

▶ _____

(2) 우리는 서울로 출발한다.

▶ _____

(3) 나는 파리에서 베네치아로 출발한다.

▶ _____

(4) 너희들은 배를 타고 로마에서 터키로 출발한다.

▶ _____

2. 〈보기〉에서 알맞은 단어를 골라 빈칸을 채우세요. (동사는 맞는 형태로 바꿀 것, 중복 있음)

보기	da uscire per partire di

(1) Io _____ _____ un brutto momento.

(2) Tu _____ _____ casa alle 7 di mattina.

(3) Oggi, noi _____ _____ una vacanza.

(4) Domani, (voi) _____ _____ Roma per Napoli.

단어 (l') apertura 시작

3. 문장의 빈칸에 주어진 동사의 알맞은 형태를 쓰세요. (동명사, 현재 진행형)

(1) I bambini giocano _____(mangiare) la merenda.

(2) _____(leggere) il giornale, _____(Lui mangiare) un panino.

(3) Le ragazze stanno_____(andare) al bar.

(4) Massimo cosa stai _____(fare)?

(5) Stiamo _____(andare) a fare la spesa.

(6) _____(lavorare) con il Dottor Zebellin impara tante cose.

(7) _____(telefonare) a Marco, Barbara cucina.

(8) _____(puliere) la casa, abbiamo trovato i soldi.

4. 대화를 듣고, 대화의 내용과 일치하면 V, 일치하지 않으면 F를 고르세요. 🔘 MP3 13-3

(1) Luciano sta pulendo la casa.   (V , F)

(2) L'armadio è in ordine.   (V , F)

(3) Sofia chiede a Luciano di aiutarla.   (V , F)

(4) Luciano va volentieri al cinema.   (V , F)

단어 giocare 놀다   vedere 보다   (la) spesa 쇼핑   imparare 배우다   (l') hobby 취미   mettere in ordine 정리하다   (l') angelo 천사

· 저축하는 이탈리아인들 ·

이탈리아인들은, 1990년대 말까지 세계에서 일본 다음으로 저축을 많이 하는 국민들이라고 알려져 있었다. 기본적으로 2가지 이유에서 저축을 했는데, 한 가지는 집을 사기 위한 자금을 마련하려는 목적이었고, 다른 한 가지는 은퇴 후 미래를 위한 연금의 의미 또는 사업을 위한 자금의 마련이었다.

그러나 최근 수십 년간 이탈리아인들의 저축의 습관은 점점 무너졌다. 1990년의 이탈리아인들은 100유로 중 23유로를 저축했지만, 2010년대에는 100유로 중 10유로를 저축하기도 어려워졌다. 유럽 통화가 하나로 통일되면서부터, 모든 물가가 오르고 그에 따라 생활비가 올랐지만 급여는 변함이 없었기 때문이다. 1990년 한 가족의 평균 급여는 약 4000유로였지만, 2010년대에는 2000유로에 미치지 못하게 되었다. 저축하는 이탈리아인들은 경제 세계화의 피해자가 되었고 사람을 카드처럼 대하는 은행 체제를 경험하게 되었다.

ING (International Nederlanden Group의 약자로, 네덜란드 암스테르담에 본사를 둔 다국적 금융그룹) 관련 기관에서 실시한 저축 관련 설문 조사에 의하면, 2015년 이탈리아인 10명 중 4명이 전혀 저축을 하지 못하며, 이탈리아인 25%는 소액 대출을 신청했으며 39%는 저축하기 어려운 것으로 응답했다.

그런데 2020년에 들어 이탈리아인들의 저축률은 다시 상승한 것으로 나타났다. ING의 인구 조사에 따르면 전년 대비 기업은 21%, 가족 단위는 3.4%의 저축률이 증가했다. 이는 코로나 팬데믹에 따른 규제로 인해 이탈리아인들이 느끼는 미래에 대한 두려움이 커진 것이 원인으로 분석된다. 또한 이탈리아 정부가 기업과 국민에게 세금을 중지하는 등 경제적 지원을 한 것도 저축이 늘어난 하나의 요인으로 꼽힌다.

Totti è più simpatico di Messi.

토띠가 메씨보다 더 정감이 있습니다.

주요 문법
- -
● 비교급, 최상급

Emanuele	Ciao! Come stai? Hai ancora il raffreddore?
	챠오! 꼬메 스타이? 아이 앙코라 일 라프레도레?
Jane	Ciao, sto meglio, grazie. Dove stai andando?
	챠오, 스토 멜료, 그라찌에. 도베 스타이 안단도?
Emanuele	Vado alla partita di calcio.
	바도 알라 빠르띠따 디 칼쵸.
Jane	Che bello!
	케 벨로!
Emanuele	Ti piacciono gli sport?
	띠 삐아쵸노 (글)리 스포르트?
Jane	Sì, mi piace il calcio. E a te?
	씨, 미 삐아체 일 칼쵸. 에 아 떼?
Emanuele	Anche a me piace il calcio. Oggi ci sono i calciatori della Roma.
	앙케 아 메 삐아체 일 칼쵸. 오찌 치 소노 이 칼챠또리 델라 로마.
Jane	Wow, molto interessante. Ci saranno Totti e Messi?
	와우, 몰또 인테레산떼. 치 사란노 토띠 에 메씨?
Emanuele	Certo! Ma chi è piú simpatico tra loro?
	체르또! 마 키 에 뺘 심파티코 트라 로로?
Jane	Totti è più simpatico di Messi.
	토띠 에 뺘 심파티코 디 메씨.
Emanuele	Davvero? Sei proprio un'esperta di calciatori!
	다베로? 세이 쁘로쁘리오 우네스뻬르따 디 칼챠또리!

엠마누엘레   안녕! 기분 어때? 아직 감기 걸려 있니?

제인   안녕, 좀 나아, 고마워. 어디 가는 길이니?

엠마누엘레   축구 보러 가.

제인   멋지다!

엠마누엘레   너 스포츠 좋아하니?

제인   응, 나는 축구 좋아해. 넌?

엠마누엘레   나도 축구 좋아해. 오늘 로마 축구 선수들도 있어.

제인   와, 엄청 재미있겠다. 토띠와 메씨도 나와?

엠마누엘레   그럼, 그런데 그 둘 중에서 누가 더 정감이 있어?

제인   토띠가 메씨보다 더 정감이 있지.

엠마누엘레   진짜? 넌 확실히 축구선수 전문가네!

- ancora 아직, 여전히
- (il) raffreddore 감기
- (il) calcio 축구
- (il) calciatore 축구선수
- interessante 흥미로운
- tra ~사이에
- proprio 확실한
- (l') esperto/a 전문가

문법

Ⓐ 비교급, 최상급

● 비교급

두 대상의 상태나 성질 등을 비교하는 표현이다.

우등비교 '~보다 더 …하다'	주어 + 동사 + più + 형용사 + di + 명사/대명사
열등비교 '~보다 덜 …하다'	주어 + 동사 + meno + 형용사 + di + 명사/대명사
동등비교 '~만큼 …하다'	주어 + 동사 + (tanto/così) + 형용사 + come/quanto + 명사/대명사

Casa mia è più grande di casa tua. 내 집은 당신 집보다 큽니다.

Lucia è più alta di Luca. 루치아는 루카보다 큽니다.

Lucia è meno alta di Natalia. 루치아는 나탈리아보다 작습니다.

L'italiano è meno diffuso dello spagnolo. 이탈리아어는 스페인어보다 덜 알려졌습니다.

Marta è (tanto) magra come me. 마르타는 나처럼 날씬하다.

Silvio è (così) alto quanto Luca. 실비오는 루카와 키가 같습니다.

● 최상급

최상 또는 최하의 상태를 나타내는 표현이다.

① 절대적 최상급

비교 대상이 없이 최상 또는 최하의 상태임을 나타낸다. 형용사에 접미사 -issimo/i/a/e를 붙여 나타내며, 주어 또는 수식하는 명사의 성과 수에 영향을 받는다.

남성 단수	남성 복수	여성 단수	여성 복수
-issimo	-issimi	-issima	-issime

Quel ragazzo è bellissimo. 저 청년은 제일 잘 생겼습니다.

È una ragazza dolcissima. 그녀는 제일 착한 아가씨입니다.

Questi palazzi sono altissimi. 이 건물들이 가장 높습니다.

Quelle caramelle al limone sono buonissime. 레몬이 들어있는 저 사탕들이 가장 맛있습니다.

단어 più 더 많은   meno 덜한   tanto/così 그렇게, 그만큼   come/quanto 처럼, 만큼   di ~보다

–co, –ca 또는 –go, –ga로 끝나는 형용사들은 끝에 모음을 빼고 h를 더해 issimo를 붙인다.

stanco- stanchissimo 피곤한, 아주 피곤한   lungo- lunghissimo 긴, 아주 긴

형용사 앞에 부사 molto(매우), tanto(매우), proprio(정확하게, 진짜로)를 넣어 절대적 최상급을 표현할 수도 있다.

Mi sento molto stanca. 나는 매우 피곤함을 느낍니다.

Quel ragazzo è molto bello. 저 청년은 매우 잘생겼습니다.

② 상대적 최상급

비교 대상이 있는 최상급의 표현이다. più, meno 앞에 정관사를 동반하며, 정관사는 주어(명사)의 성과 수에 일치시킨다.

> 정관사 + più/meno + 형용사 + (명사) + di + 명사/대명사

Marta è la più alta di tutti. 마르타는 모든 사람들 중에서 가장 큽니다.

Alfredo è il più bravo della classe. 알프레도는 학급에서 가장 훌륭합니다.

Questa casa è la meno cara di tutto il quartiere. 이 집이 그 동네 전체에서 가장 쌉니다.

비교급과 최상급에서 규칙과 불규칙 형태를 동시에 갖고 있는 형용사들이 있다.

		우등비교	절대적 최상급	상대적 최상급
buono 좋은	규칙	più buono/a/i/e	buonissimo/a/i/e	il più buono/a/i/e
	불규칙	migliore/i	ottimo/a/i/e	il migliore/i
cattivo 나쁜	규칙	più cattivo/a/i/e	cattivissimo/a/i/e	il più cattivo/a/i/e
	불규칙	peggiore/i	pessimo/a/i/e	il peggiore/i
grande 큰	규칙	più grande/i	grandissimo/a/i/e	il più grande/i
	불규칙	maggiore/i	massimo/a/i/e	il maggiore/i
piccolo 작은	규칙	più piccolo/a/i/e	piccolissimo/a/i/e	il più piccolo/a/i/e
	불규칙	minore/i	minimo/a/i/e	il minore/i

Questo vino è migliore di quello. 이 포도주는 저 포도주보다 좋습니다.

(= Questo vino è più buono di quello.)

 (la) classe 학급   (il) quartiere 동네

Sandro è il maggiore dei suoi fratelli.

(= Sandro è il più grande dei suoi fratelli.)

산드로는 그의 형제들 중에서 맏이다. (산드로는 그의 형제들 중에서 가장 크다)

☞ il maggiore는 '더 크다'는 의미이기도 하지만, 사람에게는 '더 나이가 많다'는 의미이기도 하다.

Le loro borse sono peggiori delle mie. 그들의 가방들은 내 것들보다 못합니다.

Questo vino è ottimo. 이 와인은 최고입니다.

Queste mele sono pessime. 이 사과들은 아주 맛이 없습니다.

migliore, peggiore, maggiore 등은 이미 비교급이거나, 최상급이므로, più migliore, il più peggiore, ottimissimo 등으로 쓰지 않는다.

※ 부사 bene '좋게', male '나쁘게'의 비교급과 최상급

	비교급	(절대적) 최상급
bene 좋게	meglio	molto bene = ottimamente/benissimo
male 나쁘게	peggio	molto male = pessimamente/malissimo

A: Ciao, oggi com'è il meteo? 안녕하세요. 오늘 날씨가 어떤가요?

B: Ciao, è meglio di ieri. 안녕하세요, 어제보다 낫습니다.

A: Ciao, come stai? 안녕하세요, 기분이 어떠세요?

B: Sto bene, mi sento benissimo. 좋아요, 최상이에요.

단어 sentire 느끼다

● 운동

MP3 **14-2**

(il) baseball
야구

(la) pallacanestro
농구 (혹은 basket)

(il) calcio
축구

(l') hockey su ghiaccio
빙상 하키

(la) pallamano
핸드볼

(la) pallanuoto
수구

(la) pallavolo
배구

(il) tennis
테니스

(il) golf
골프

(il) rugby
럭비

correre
달리다

(l') equitazione
승마

(il) ciclismo
사이클

praticare
연습하다, 운동하다

nuotare
수영하다

sciare
스키 타다

※ giocare 동사＋a＋(관사 없이) 스포츠 명사: (운동 경기)를 하다

giocare a calcio 축구하다

giocare a golf 골프 치다

giocare a tennis 테니스 치다

연습문제

1. 다음 문장을 〈보기〉의 단어들을 이용하여 이탈리아어로 쓰세요.

| 보기 | alto   basso   bello   buono   simpatico

(1) 마르코는 당신보다 더 키가 큽니다.

▶ Marco _____

(2) 안젤라는 엠마보다 키가 작습니다.

▶ Angela _____ Emma.

(3) 안젤라는 죠세피나처럼 예쁩니다.

▶ Angela _____ Giuseppina.

(4) 이 자동차가 최고로 좋습니다.

▶ _____

(5) 죠세피나가 최고로 착합니다.

▶ Giuseppina _____

2. 다음 문장의 빈칸에 주어진 단어의 올바른 형태를 쓰세요.

(1) Simona, come stai oggi? / Oggi, sto _____ (bene) di ieri.

(2) Questo vino è _____ (male) di quello.

(3) Lui è il _____ (grande) della classe.

(4) Gli spaghetti al ristorante "La Rampa" sono i _____ (buono) di Venezia.

3. 다음 문장을 읽고 틀린 곳을 바르게 고치세요.

   (1) Queste scarpe sono più migliore.

     ▶ _____

   (2) Oggi sto il più peggiore.

     ▶ _____

   (3) Questa pizza è più ottima di quella.

     ▶ _____

   (4) Questo vino è più male di quello.

     ▶ _____

4. 대화를 듣고, 대화의 내용과 일치하면 V, 일치하지 않으면 F를 고르세요.   💿 MP3 **14-3**

   (1) Silvio scia meglio dello zio.   (V , F)

   (2) Antonella va a sciare con lo zio di Silvio.   (V , F)

   (3) Silvio va dallo zio per sciare.   (V , F)

   (4) Lo zio di Silvio scia molto bene.   (V , F)

단어 (lo) zio 삼촌

Cultura

베네치아의 카니발

카니발의 기원은 종교 문화와 밀접하게 관련되어 있다. 이 축제는 항상 부활절 6주 전에 시작되어, 일반적으로 약 1주일 동안 지속된다. 카니발이라는 이름의 유래는 라틴어로 'Carnem Levare'인데, 이는 '고기를 멀리하라'는 뜻이다. 부활절 전에 육식을 금한다는 의미이다. 즉, 부활절은 약 5주간 지속되고, 부활절 전 약 7일은 카니발 기간이므로, 총 약 42일 동안 고기를 금하는 것이다.

카니발 축제에서 가장 중요한 것은 마스크이다. 이탈리아의 모든 도시는 자신들만의 마스크가 있는데, 각 마스크는 각 지역의 전통과 특징을 나타내고 있다. 이탈리안 카니발의 특징은 마스크뿐만 아니라 전통적인 의상 퍼레이드 등이 있다.

이탈리아에서 가장 중요한 카니발 축제는 베네치아의 카니발로 산마르코 종탑에서 산마르코 광장으로 줄을 연결하여 천사 분장을 한 사람이 날고 있는 장면을 연출하는 것으로 유명하다. 또 다른 카니발 축제로는 비아레조(토스카나)의 카니발이 있는데, 베네치아의 마스크처럼 종이로 만든 마스크를 쓴다. 이브레아의 카니발은 퍼레이드를 하며 오렌지를 서로 던지는 것으로 유명하다. 아치레알레의 카니발은 시칠리아에서 가장 멋진 축제로 여겨진다.

이탈리안 카니발에서는 축제 음식이 빠질 수 없다. 각 지역의 카니발에는 그 지역의 특산물을 첨가해 만든 특별한 음식들이 있다. 기본적으로 튀긴 간식이 있는데, 키아키에레(Chiacchiere)라는 음식으로, 바삭거리는 소리로 인해 수다를 떤다는 의미의 단어를 그 이름으로 쓰는데, 주로 시골이나 나폴리에서는 키아키에레(Chiacchiere)라고 부르고, 베네또 지역에서는 갈라니(Galani), 프리울리에서는 그로스톨리(Crostoli), 마르케에서는 프라페(Frappe), 토스카나에서는 첸치(Cenci)라고 부른다. 그 밖에 카스타뇰레(Castagnole, 프리울리 지역의 카니발 음식)와 프리텔레(Frittelle, 튀긴 도너츠 종류)가 있다.

카니발은 어린이들과 어른들이 즐거운 시간을 보낼 수 있는 축제다. "A Carnevale ogni scherzo vale"는 카니발의 특징을 잘 드러내는 이탈리아 속담으로, 한국어로 번역하자면, '웃음이 보약이다'라는 의미로 이해할 수 있다.

Da bambino,
dove andavi in vacanza?

어렸을 때,
휴가를 어디로 가곤 했나요?

주요 문법

- 반과거
- 서수
- 수량부사와 빈도부사

Federica	Gabriele, da bambino, dove andavi in vacanza?
	가브리엘레, 다 밤비노, 도베 안다비 인 바칸짜?
Gabriele	Andavo sempre in Grecia con la mia famiglia.
	안다보 셈프레 인 그레챠 콘 라 미아 파밀랴.
Federica	Com'era il clima?
	꼬메라 일 클리마?
Gabriele	Era bellissimo, il cielo era blu e la gente era simpatica.
	에라 벨리시모, 일 치엘로 에라 블루 에라 젠테 에라 심파티카.
Federica	Che cosa facevi di bello?
	케 꼬자 파체비 디 벨로?
Gabriele	La mattina andavo a nuotare al mare con mio padre e il
	라 마띠나 안다보 아 누오따레 알 마레 콘 미오 파드레 에일
	pomeriggio andavamo al ristorante a mangiare i piatti tipici greci.
	포메리죠 안다바모 알 리스토란테 아 만자레 이 삐아띠 티피치 그레치.
Federica	Nel ristorante avete mangiato bene?
	넬 리스토란떼 아베떼 만쟈또 베네?
Gabriele	Certo! Abbiamo mangiato molto bene.
	체르또! 아비아모 만쟈또 몰또 베네.
	Sono ciccione, perché in Grecia mangiavo molto.
	소노 치쵸네, 뻬르케 인 그레챠 만쟈보 몰또.
Federica	Ha ha ha. Tu mi fai ridere!
	하 하 하. 뚜 미 파이 리데레!

페데리카	가브리엘레, 어릴 적에 어디로 휴가를 갔습니까?

페데리카　가브리엘레, 어릴 적에 어디로 휴가를 갔습니까?

가브리엘레　내 가족들과 그리스에 갔습니다.

페데리카　날씨는 어땠나요?

가브리엘레　아주 좋았습니다. 하늘은 푸르렀고 사람들은 친절했죠.

페데리카　어떤 재미있는 일을 하셨나요?

가브리엘레　아침마다 나는 아버지와 수영하러 바다에 갔고,

　　　　　오후에는 우리는 식당에 가서 전형적인 그리스 요리를 먹었습니다.

페데리카　식당 음식은 맛있었나요?

가브리엘레　물론이죠! 우리는 아주 잘 먹었습니다.

　　　　　제가 뚱뚱하죠, 그리스에서 너무 먹어서 그런 겁니다.

페데리카　하하하, 저를 웃기시네요!

- □ da bambino 어릴 적에
- □ (la) vacanza 휴가
- □ (la) Grecia 그리스
- □ (il) clima 날씨
- □ (il) cielo 하늘
- □ blu 파란색인
- □ (la) gente 사람들
- □ simpatico 친절한
- □ tipico 전형적인
- □ (il) greco 그리스인, 그리스어
- □ (il) ciccione 뚱보
- □ ridere 웃다

A 반과거

반과거는 과거의 행동이나 상태를 나타내며, 과거의 어느 시점에 지속적 또는 반복적으로 했던 행동이나 습관을 나타내기도 한다. 동사의 반과거 형태 역시 규칙적으로 변하는 동사와 불규칙적으로 변하는 동사가 있다.

● 규칙 동사

	mangiare 먹다	leggere 읽다	dormire 잠자다
io	mangiavo	leggevo	dormivo
tu	mangiavi	leggevi	dormivi
lui/lei (존칭 Lei)	mangiava	leggeva	dormiva
noi	mangiavamo	leggevamo	dormivamo
voi	mangiavate	leggevate	dormivate
loro	mangiavano	leggevano	dormivano

Mangiavo gli spaghetti alle vongole. 나는 봉골레 스파게티를 먹었습니다.
Loro leggevano il giornale. 그들은 신문을 읽었습니다.
Maria dormiva. 마리아는 잠을 잤습니다.

● 불규칙 동사

	fare ~을 하다	dire 말하다	bere 마시다	tradurre 번역하다
io	facevo	dicevo	bevevo	traducevo
tu	facevi	dicevi	bevevi	traducevi
lui/lei (존칭 Lei)	faceva	diceva	beveva	traduceva
noi	facevamo	dicevamo	bevevamo	traducevamo
voi	facevate	dicevate	bevevate	traducevate
loro	facevano	dicevano	bevevano	traducevano

Facevo la doccia. 나는 샤워를 했습니다.
Mia figlia traduceva l'inglese. 내 딸은 영어를 번역했습니다.
I ragazzi bevevano. 청년들은 술을 마셨습니다.

● essere 동사와 avere 동사의 반과거

	essere ~이다	avere 가지다
io	ero	avevo
tu	eri	avevi
lui/lei (존칭 Lei)	era	aveva
noi	eravamo	avevamo
voi	eravate	avevate
loro	erano	avevano

Ieri, il cielo era blu. 어제, 하늘은 파랬습니다.

Mia nonna era molto carina con me. 내 할머니는 나에게 무척 다정했습니다.

La campagna era stupenda in primavera. 여름에 시골은 아름다웠습니다.

※ da bambino/a(giovane, piccolo/a)+반과거 : 어렸을/젊었을 때, ～했다
  quando+반과거, ～ 반과거 : ～했을 때, ～했다

Da bambino, ero molto grasso. 나는 어렸을 때 무척 뚱뚱했다.

Quando era bambino, Giuliano aveva i capelli biondi. 어렸을 때 쥴리아노는 금발이었다.

Da giovane, ero ottimista. 나는 젊었을 때 낙천주의자였다.

Da bambino, andavo spesso al mare. 어렸을 때, 나는 자주 바다에 갔다.

Quando era giovane, Luisa andava sempre in discoteca.
젊었을 때 루이자는 항상 디스코장에 갔다.

Quando aveva 4 anni, Andrea andava all'asilo ogni mattina.
안드레아가 4살이었을 때 아침마다 유치원에 갔다.

구어체에서 volere(원하다), desiderare(바라다), preferire(선호하다) 동사의 반과거 형태를 사용하여 공손한 표현을 나타내기도 한다.

Scusi, volevo un'informazione. 죄송한데요, 말씀 좀 묻겠습니다.

Desideravo la maglietta a righe gialle e bianche.
나는 노란색과 흰색 줄이 들어간 티셔츠를 원합니다.

Pronto, volevo parlare con Gianna. 여보세요, 쟌나와 통화하고 싶습니다.

단어 grasso 뚱뚱한 (i) capelli 머리카락 (il/la) giovane 젊은이 (l') ottimista 낙천주의자 spesso 자주 sempre 항상
    (la) discoteca 디스코장 (l') asilo 유치원 ogni 매 (영어의 every)

B 서수

순서를 나타낸다. 명사를 수식할 때, 수식하는 명사의 성과 수에 영향을 받는다.
11번째 서수부터 접미사는 –esimo/–esima/–esimi/–esime로 바뀐다.

첫 번째	primo/a/i/e	열 한 번째	undicesimo/a/i/e	서른 번째	trentesimo/a/i/e
두 번째	secondo/a/i/e	열 두 번째	dodicesimo/a/i/e	마흔 번째	quarantesimo/a/i/e
세 번째	terzo/a/i/e	열 세 번째	tredicesimo/a/i/e	쉰 번째	cinquantesimo/a/i/e
네 번째	quarto/a/i/e	열 네 번째	quattordicesimo/a/i/e	예순 번째	sessantesimo/a/i/e
다섯 번째	quinto/a/i/e	열 다섯 번째	quindicesimo/a/i/e	일흔 번째	settantesimo/a/i/e
여섯 번째	sesto/a/i/e	열 여섯 번째	sedicesimo/a/i/e	여든 번째	ottantesimo/a/i/e
일곱 번째	settimo/a/i/e	열 일곱 번째	diciasettesimo/a/i/e	아흔 번째	novantesimo/a/i/e
여덟 번째	ottavo/a/i/e	열 여덟 번째	diciottesimo/a/i/e	백 번째	centesimo/a/i/e
아홉 번째	nono/a/i/e	열 아홉 번째	diciannovesimo/a/i/e	천 번째	millesimo/a/i/e
열 번째	decimo/a/i/e	스무 번째	ventesimo/a/i/e	일억 번째	milionesimo/a/i/e

Paolo VI(sesto). 폴 6세

Abito al terzo piano. 나는 3층에 삽니다.

Il mio amico è arrivato per primo. 내 친구는 첫 번째로 도착했다.

Il calciatore ha fatto goal al tredicesimo minuto. 그 축구 선수는 13분에 골을 넣었다.

Questa è la quinta volta. 이번이 다섯 번째입니다.

Le prime cinque canzoni sono belle. 첫 5곡의 노래가 아름답습니다.

I primi dieci arrivati avranno un premio. 도착하는 첫 10명이 상을 탈 것입니다.

① 서수는 숫자 위에 °를 써서 나타내기도 한다.

primo = 1°, secondo = 2°…

② 21부터 30까지의 서수형은, '기수 + esimo'의 형태로 쓴다.

ventunesimo, ventiduesimo, ventitreesimo, ventiquattresimo,
venticinquesimo, ventiseiesimo, ventisettesimo, ventottesimo,
ventinovesimo, trentesimo

단어 (il) piano 층

③ 분수의 경우, 분자는 기수로 앞에 쓰고, 분모는 서수로 뒤에 쓴다.

분자가 1일 때, 분모는 단수 형태로 쓰고, 분자가 2 이상일 때, 분모는 복수 형태로 쓴다.

un terzo 3분의 1
un decimo 10분의 1
due quinti 5분의 2
due decimi 10분의 2

④ 날짜를 읽을 때는 1일만 서수로 읽고, 나머지는 기수로 읽는다.

il primo marzo 3월 1일   il due marzo 3월 2일   il tre marzo 3월 3일

ⓒ 수량부사와 빈도부사

● 수량부사

정해지지 않은 수량의 부족함이나 풍부함을 나타낸다.

molto 매우, poco 조금, meno 더 적게, troppo 과하게, più 더, tanto 많이, abbastanza 충분하게, un po' 조금, niente 전혀, nulla 전혀, solo 단지

Il viaggio per l'Inghilterra costa meno. 영국으로의 여행은 비용이 덜 듭니다.
Mangio poco. 나는 조금 먹습니다.
Non voglio più niente. 나는 더 이상 원하지 않습니다.
Antonio dorme troppo. 안토니오는 잠을 너무 많이 잡니다.
Mi piace molto questa canzone. 나는 이 노래를 아주 좋아합니다.

Posso avere un po' di zucchero, per favore? 설탕 좀 얻을 수 있을까요?
Questo compito è un po' difficile per me. 이 숙제는 나에게 조금 어렵습니다.

Il suo comportamento non mi piace per niente. 나는 그의 행동을 전혀 좋아하지 않습니다.
Maria rimane solo un'ora. 마리아는 단 1시간 남아 있습니다.
Studiamo tanto per l'esame. 우리는 시험 공부를 많이 합니다.

● 빈도부사

어떤 일이 벌어지는 횟수나 그 빈도를 표현한다.

sempre 항상, spesso 자주, ogni tanto 가끔, raramente 드물게, non ~mai 전혀 ~하지 않다

Bevo sempre acqua naturale. 나는 항상 물을 마십니다.
Vado spesso in pizzeria. 나는 피자집에 자주 갑니다.
Ogni tanto gioco a scacchi. 나는 가끔 체스를 둡니다.
Vado raramente a teatro. 나는 드물게 극장에 갑니다.
Non guardo mai la TV. 나는 텔레비전은 전혀 보지 않습니다.

● 날씨　　　　　　　　　　　　　　　　　　　　🔘 MP3 **15-2**

[명사]

(la) temperatura	기온	(la) neve	눈
(il) vento	바람	(la) nebbia	안개
(il) sole	태양	(il) ghiaccio	얼음
(la) luna	달	(la) nuvola	구름
(la) pioggia	비	(la) grandine	우박
(il) tifone	태풍	(la) bella giornata	화창한 날

[형용사]

freddo	추운/차가운	nuvoloso (nuvolo)	구름이 낀
caldo	더운/따뜻한	ventoso	바람이 부는
umido	습한	piovoso	비가 오는
secco	건조한	nevoso	눈이 오는

[동사]

nevicare	눈이 오다	ghiacciare	얼음이 얼다
piovere	비가 오다	grandinare	우박이 내리다
tirare vento	바람이 불다	tuonare	천둥이 치다

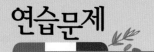
연습문제

1. 괄호 안에 알맞은 동사를 고르세요.

(1) Dove passavi le vacanze quando (sono stata, eri) bambina?

(2) Io e te (siete, eravamo) molto amici all'universitá.

(3) Mentre leggevo il giornale, Luigi (ha parlato, parlavi) con Roberta.

(4) Da bambina non (andato, andavo) mai al mare.

(5) Una volta, mia nonna (ha cucinata, cucinava) le lasagne alla bolognese.

(6) Quando Lucia aveva 13 anni, (è venuta, veniva) da me ogni lunedì.

(7) Ieri, il cielo (è stato, era) bello.

(8) Quando avevo 7 anni, (giocherò, giocavo) a calcio.

2. 괄호 안에 알맞은 단어를 고르세요.

(1) Antonella è andata a lezione alla (due, seconda, uno) ora.

(2) Parto per Venezia, il (due, terzo, seconda) aprile.

(3) Stamattina io e Barbara festeggiamo il (uno, primo, una) maggio.

(4) Questo è il (cinque, quinto, quinta) giorno.

3. 다음 문장을 이탈리아어로 쓰세요.

(1) 우리는 식당에 자주 갑니다.

▶ _____

(2) 안나마리아는 드물게 웁니다.

▶ Annamaria _____

(3) 나는 거의 텔레비전을 보지 않습니다.

▶ _____

(4) 그는 가끔 산책을 합니다.

▶ _____

4. 이야기를 듣고, 내용과 일치하면 V, 일치하지 않으면 F를 고르세요.

MP3 **15-3**

(1) Filippo andava a Venezia con Gianluca.　　　　(V , F)

(2) Gianluca parlava con Filippo a Firenze.　　　　(V , F)

(3) Filippo voleva diventare un commerciante.　　　(V , F)

(4) Gianluca lavora come guida turistica.　　　　(V , F)

단어 (la) giacca 재킷　diventare ~이 되다　alla fine 결국에는/끝에는　(l') amicizia 친구/우정　(l') insegnante d'arte 미술 교사

이탈리아 카니발의 마스크

이탈리아 카니발에서 사용하는 '마스크'라는 단어는 '광대'라는 의미의 아랍어 **Maschàra**에서 유래되었다. 이탈리아의 모든 도시는 하나의 마스크로 특징되며, 코미디나 예술 작품 속에 전형적인 인물로 등장한다. 마스크는 전통적으로 그 지역을 대표하고, 그 지역의 언어를 표현하며, 그 지역 민중의 독특한 특징을 이야기한다.

대표적인 마스크로는 다음과 같은 것들이 있다.

1. 브리겔라 (Brighella)
   베르가모(Bergamo) 롬바르디아(Lombardia) 지방의 마스크로, 그 기원은 중세시대까지 거슬러 올라간다. 논쟁하기 좋아하는 영악한 젊은 종이다.

2. 아르레키노 (Arlecchino)
   베르가모(Bergamo)의 마스크로, 겉으로는 멍청해 보이지만 실제로는 매우 영리한 남자 종이다. 어떤 상황이든 이익을 얻을 수 있는 상황이면 수용하는 인물을 상징한다.

3. 판탈로네 (Pantalone)
   베네치아(Venezia)의 마스크로, 16세기, 욕심 많고 투덜대는 한 늙은 베네치아의 상인으로, 딸과 아내에게 잘 속는 인물이다.

4. 콜롬비나 (Colombina)
   베네치아(Venezia)의 마스크로, 활기차고 영리한 여종이다. 베네치아 방언을 사용하며, 상전을 잘 모시는 인물이다.

5. 풀치넬라 (Pulcinella)
   나폴리(Napoli)의 마스크로, 꼽추에 매부리코로 유명하며 헐렁한 옷을 입은 인물이다.

6. 루간티노 (Rugantino)
   라찌오(Lazio)의 마스크로, 예의 없고 무례하게 행동하지만 이면에는 깊은 마음과 사랑하는 마음을 가진 인물이다.

부록

연습문제 정답

UNITÀ 1

1.

(1) (Tu) sei austriaco.

(2) (Lei) È russa.

(3) (Loro) Sono brasiliani.

(4) (Io) Sono coreano/a.

(5) (Noi) Siamo italiane.

2.

(1) Io sono Italiano. 나는 이탈리아 사람입니다.

(2) Tu non sei italiano, sei tedesco.

당신은 이탈리아 사람이 아닙니다. 당신은 독일인입니다.

(3) Angela è austriaca. 안젤라는 오스트리아 여자입니다.

(4) Stefania non è coreana.

스테파니아는 한국 여자가 아닙니다.

3.

〈보기〉

A: 마리아, 당신은 어디 출신인가요?

B: 나는 부에노스 아이레스에서 온 아르헨티나 여자입니다.

(1) È russo, di Mosca.

블라디미르는 러시아인으로 모스크바에서 왔습니다.

(2) Sono inglesi, di Londra.

그들은 영국인으로 런던에서 왔습니다.

(3) Sono giapponese, di Tokyo.

나는 도쿄 출신의 일본인입니다.

(4) Sono greco/a. 나는 그리스인입니다.

4. [MP3 01-3]

Massimo	Buongiorno, sono Massimo.
Anna	Buongiorno, sono Anna.
Massimo	Sono italiano, e tu di dove sei?
Anna	Sono egiziana, del Cairo.
Massimo	E lui?
Anna	Lui è Antonio.
Massimo	Di dov'è?
Anna	È tedesco, di Berlino.

마씨모   안녕하세요, 나는 마씨모입니다.

안나   안녕하세요, 나는 안나입니다.

마씨모   나는 이탈리아인인데, 당신은 어디 출신인가요?

안나   나는 카이로에서 온 이집트인입니다.

마씨모   그는요?

안나   그는 안토니오예요.

마씨모   그는 어디 출신인가요?

안나   그는 베를린에서 온 독일인입니다.

(1) 안나는 이탈리아 여자입니다. (F)

(2) 마씨모는 피렌체에서 온 이탈리아인입니다. (F)

(3) 안토니오는 영국인입니다. (F)

(4) 안토니오는 베를린에서 왔습니다. (V)

UNITÀ 2

1.

(1) A: Come si chiama? 그녀의 이름은 무엇인가요?

    B: Si chiama Leonora. 그녀의 이름은 레오노라입니다.

(2) A: Come ti chiami? 당신의 이름은 무엇인가요?

    B: Mi chiamo Marta. 내 이름은 마르타입니다.

(3) A: Signore, come si chiama?

    선생님, 성함이 어떻게 되세요?

    B: Mi chiamo Massimo Renzi.

    내 이름은 마씨모 렌찌입니다.

(4) A: Come ti chiami? 당신 이름이 무엇인가요?

    B: Mi chiamo Eunkyung. 내 이름은 은경입니다.

2.

(1) (il) libro 책

(2) (le) riviste 잡지

(3) (il) romanzo 소설

(4) (gli) amici 친구들

(5) (la) bibliotecaria 사서

(6) (il) dizionario 사전

(7) (il) fumetto 만화

(8) (il) medico 의사

(9) (i) lettori 독자

(10) (i) cartelli 게시판

(11) (la) lavagna 칠판

(12) (gli) ostacoli 방해물

3.

(1) (una) scuola 학교

(2) (uno) straniero 외국인

(3) (un) autobus 버스

(4) (un')isola 섬

(5) (un) programma 프로그램, 계획

(6) (una) chiave 열쇠

(7) (uno) zucchero 설탕

(8) (un) orecchio 귀

(9) (una) birra 맥주

(10) (uno) spazzolino 칫솔

(11) (una) luce 불빛

(12) (un')ape 벌

4. [MP3 **02-3**]

Angela	Buongiorno, mi chiamo Angela. Come si chiama?
Giovanni	Buongiorno, mi chiamo Giovanni.
Angela	Lei è pittore?
Giovanni	No, non ancora, studio storia dell'arte, e Lei?
Angela	Sono una bibliotecaria.
Giovanni	Piacere.
Angela	Piacere.

안젤라	안녕하세요, 제 이름은 안젤라라고 합니다. 선생님은 성함이 어떻게 되세요?
죠반니	안녕하세요, 제 이름은 죠반니라고 합니다.
안젤라	선생님은 화가이신가요?
죠반니	아니오, 아직은 아니고, 미술사를 공부하고 있습니다. 아가씨는요?
안젤라	저는 도서관 사서입니다.
죠반니	만나서 반갑습니다.
안젤라	만나서 반갑습니다.

(1) 안젤라는 죠반니의 여자친구입니다. (F)

(2) 죠반니는 안젤라의 남자친구입니다. (F)

(3) 안젤라는 사서입니다. (V)

(4) 죠반니는 사서입니다. (F)

1.

(1) **Laura e Michele** abitano in via Saccagnana.
라우라와 미켈라는 비아 샤카냐나에 삽니다.

(2) **Noi camminiamo** per la strada.
우리는 거리를 걷습니다.

(3) **Tu offri il caffè?**
당신이 커피를 사나요?

(4) **Voi viaggiate spesso?**
당신들은 여행을 자주 하나요?

(5) **Io leggo il libro.**
나는 책을 읽습니다.

(6) **Francesca e Matteo** scrivono un'email.
프란체스카와 마테오는 이메일을 씁니다.

(7) **Tu e Cristina** conoscete l'inglese.
당신과 크리스티나는 영어를 압니다.

(8) **Il dottore Zebellin** apre la finestra..
제벨린 박사님은 창문을 엽니다.

2.

(1) **Voi uscite presto?**
당신들은 빨리 나갈 겁니까? (직역: 당신들은 빨리 나갑니까?)

(2) **Tu rimani da noi fino a tardi?**
당신은 우리 집에 늦게까지 있을 건가요?
(직역: 당신은 우리 집에 늦게까지 있나요?)

(3) **Alessandra e io** saliamo le scale.
알레산드라와 나는 계단을 오릅니다.

(4) **Marco ed Andrea** spengono il fuoco.
마르코와 안드레아는 (가스)불을 끕니다.

(5) **Giuseppe finisce il lavoro.** 쥬세뻬는 일을 마칩니다.

(6) **La gente dice la veriá.** 사람들은 진실을 말합니다.

(7) **Oggi pomeriggio,** io faccio la spesa.
오늘 오후에, 나는 쇼핑을 합니다.

(8) **Ivan ed Anna** producono i pomodori.
이반과 안나는 토마토를 생산합니다.

3.

(1) *Ivan:* Quanti anni ha Mattia?

(2) *Mattia:* Leonardo, quanti anni hai?
Leonardo: Ho trent'anni.

연습문제 정답 **187**

(3) *Ivan:* **Che cosa fai?**
   Leonardo: **Io faccio l'insegnante.**
(4) *Ivan:* **Che cosa fa Mattia?**
   Leonardo: **Lui studia.**

4. [MP3 03-3]

Alfredo	Manuela, quanti anni hai?
Manuela	Ho 32 anni, e tu?
Alfredo	Anch'io, ho 32 anni, che cosa fai?
Manuela	Faccio l'infermiera.
Alfredo	Che bello. Sei brava, io ho 32 anni e ancora studio.
Manuela	Che cosa studi?
Alfredo	Studio storia dell'arte.

알프레도	마누엘라, 당신은 몇 살인가요?
마누엘라	나는 32살입니다. 당신은요?
알프레도	나도 32살이에요, 당신은 무슨 일을 하나요?
마누엘라	나는 간호사입니다.
알프레도	멋지네요. 훌륭해요, 나는 32살에 아직도 공부해요.
마누엘라	무슨 공부를 하나요?
알프레도	미술사 공부를 해요.

(1) 알프레도는 간호사로 일합니다. (F)
(2) 마누엘라는 간호사입니다. (V)
(3) 알프레도는 32살입니다. (V)
(4) 마누엘라는 미술사를 공부합니다. (F)

◀ **UNITÀ 4** ▶

1.

(1) Sto bene, grazie, e tu?
(2) Come state?
(3) Sta poco bene.
(4) Signora, come sta?

2.

(1) un bell'albergo 예쁜 호텔
(2) un albergo bello 예쁜 호텔
(3) un buon amico 좋은 친구
(4) un'amica buona 좋은 친구
(5) un grande spazio 넓은 공간
(6) una casa grande 넓은 집
(7) una piccola donna 키가 작은 여인
(8) un piccolo albero 작은 나무

3.

(1) Valerio è una persona fortunata.
   발레리오는 운이 좋은 사람입니다.
(2) Nicole ha un grande quaderno.
   니콜은 큰 공책이 있습니다.
(3) Io sono un ragazzo bello. 나는 예쁜 아가씨입니다.
(4) Paola e Alex sono simpatici.
   파올로와 알렉스는 정감이 있습니다. (착합니다)

4. [MP3 04-3]

Signora	Buongiorno, dottore, come sta?
Dottore	Buongiorno, sto bene, grazie, e Lei?
Signora	Io sto poco bene, ho mal di stomaco.
Dottore	Ha la febbre?
Signora	Sì, e ho anche mal di testa. Cosa faccio?
Dottore	Va bene, puo fare una passeggiata e mangiare poco.
Signora	Grazie, vado subito a fare una passeggiata!
Dottore	Brava!

부인	안녕하세요 의사 선생님, 기분이 어떠세요?
의사	안녕하세요, 기분 괜찮습니다, 감사합니다, 부인은요?
부인	저는 몸이 좀 안 좋습니다. 배가 아프네요.
의사	열도 있나요?
부인	네, 머리도 아파요. 어떻게 할까요?
의사	알겠습니다, 산책을 하시고 식사는 조금만 드세요.
부인	감사합니다, 곧장 산책하러 가겠습니다.
의사	잘 하시는 겁니다!

(1) 그 부인은 머리가 아픕니다. (V)
(2) 의사는 아픕니다. (F)
(3) 그 부인은 열이 있습니다. (V)
(4) 의사는 그 부인에게 약을 줍니다. (F)

1.

(1) Vieni a mangiare la pizza con noi?
너 우리와 피자 먹으러 갈래?

(2) Marta e Vladimir vanno a casa.
마르타와 발디미르는 집에 갑니다.

(3) Io vado a Parigi.
나는 파리에 갑니다.

(4) Tu e Alex andate a scuola a piedi?
당신과 알렉스는 학교에 걸어서 갑니다.

2.

(1) Anna e Diana vengono al cinema con noi.
안나와 디아나는 우리와 극장에 갑니다.

(2) Andiamo a Parigi.
우리는 파리에 갑니다.

(3) Noi veniamo dalla Francia.
우리는 프랑스에서 옵니다.

(4) Dove va il Signor Rossi?
로시 씨 어디 가시나요?

3.

(1) John viene dall' Inghilterra.
존은 영국에서 옵니다.

(2) Giorgio è un professore di storia.
죠르조는 역사 선생님입니다.

(3) Arrivo proprio adesso da Milano.
나는 밀라노에서 지금 막 도착합니다.

(4) Vado in piscina.
나는 수영장에 갑니다.

(5) Andiamo in Italia con l'aereo.
우리는 비행기로 이탈리아에 갑니다.

(6) Tu e Giulia venite a Milano in treno?
당신과 쥴리아는 밀라노에 기차를 타고 오나요?

(7) Io e Barbara veniamo al mare con voi.
나와 바르바라는 당신들과 함께 바다에 갑니다.

4. [MP3 **05-3**]

Una giornata di Veronica
La mattina, Veronica va al bar a prendere un caffè e va in banca a lavorare, poi torna a casa per mangiare il pranzo. Il pomeriggio, Veronica esce di casa e va al supermercato a fare la spesa. La sera, Marco viene da lei e lei cucina le lasagne alla bolognese che mangiano insieme.

베로니카의 하루
아침에, 베로니카는 커피를 마시러 바에 가고 일하러 은행에 갑니다. 그리고 나서 점심 식사를 하러 집으로 돌아옵니다. 오후에, 베로니카는 집에서 나가서 시장을 보러 슈퍼마켓에 갑니다. 저녁에 마르코가 그녀의 집에 오고 그녀는 함께 먹으려고 라구가 들어간 라쟈냐를 요리합니다.

(1) 베로니카는 슈퍼마켓에서 일합니다. (F)
(2) 마르코는 은행에서 일합니다. (F)
(3) 베로니카는 마르코와 식사를 합니다. (V)
(4) 마르코는 베로니카 집에 갑니다. (V)

1.

(1) Carlo entra nella chiesa di Stanta Maria.
카를로는 산타 마리아 성당에 들어갑니다.

(2) Stasera vado a mangiare dai miei genitori.
오늘밤에 나는 식사하러 부모님 집에 갑니다.

(3) Le calze sono nel cassetto della camera da letto. 양말들은 침실 서랍장 안에 있습니다.

(4) Usciamo dall'ufficio. 우리는 사무실에서 나갑니다.

(5) Io vado alla stazione dei treni.
나는 기차역에 갑니다.

(6) Gli studenti sono nella classe di matematica.
학생들은 수학 교실에 있습니다.

2.

(1) Metto il televisore nuovo nella camera da letto. 나는 침실에 새 TV를 놓습니다.

(2) La metropolitana arriva fino alla piazza principale. 지하철은 중심 광장까지 갑니다.

(3) Gli scoiattoli vivono sugli alberi.
다람쥐들은 나무 위에 삽니다.

(4) Esco dall'ufficio. 나는 사무실에서 나갑니다.

(5) La professoressa risponde alle domande degli studenti. 여자 교수가 학생들의 질문들에 답합니다.

3.

(1) Beviamo un cappuccino al bar!
(2) Aspettate davanti al cinema!
(3) stai davanti alla casa!
(4) Siate pazienti!

4. [MP3 **06-3**]

Salvatore Ciao, Michela. Come stai?

Michela Ciao, Salvatore, sto bene, e tu?

Salvatore Io sto abbastanza bene. Dove vai?

Michela Vado a lavorare, lavoro in un bar.

Salvatore Dov'è?

Michela È dietro al Municipio, si chiama Caffè Canova. E tu, dove vai?

Salvatore Vado in farmacia.

Michela Dopo la farmacia, vieni da me?

Salvatore Va bene. A dopo.

Michela A dopo.

살바토레 안녕, 미켈라. 기분이 어떠니?

미켈라 안녕, 살바토레, 좋아, 넌?

살바토레 적당히 괜찮아. 어디 가니?

미켈라 일하러 가, 바에서 일해.

살바토레 바는 어디 있어?

미켈라 구청 뒤에 있어, 바 이름은 카페 카노바야. 넌 어디 가니?

살바토레 약국에 가.

미켈라 약국 갔다가, 나에게 올래?

살바토레 좋아. 나중에 봐.

미켈라 나중에 봐.

① 살바토레는 바에서 일합니다.
② 미켈라는 일하러 갑니다.
③ 살바토레는 바에서 일합니다.
④ 미켈라는 약국에 갑니다.

⑤ 미켈라는 바에서 일하는데, 그 바의 이름은 카페 카노바입니다.
⑥ 살바토레는 약국에 갑니다.

UNITÀ 7

1.

(1) Dove sei?
(2) Quanto costa?
(3) Quale borsa hai?
(4) Perché piangi?

2.

(1) Quanti fratelli hai?
당신은 몇 명의 형제가 있나요?

(2) Quante persone sono italiane?
이탈리아인이 몇 명인가요?

(3) Qual'è il tuo film preferito?
당신은 어떤 영화를 좋아하나요(선호하나요)?

(4) Che cosa(Cosa) fate sabato sera?
당신들은 토요일 밤에 무엇을 하나요?

3.

(1) Quegli attori sono molto bravi.
그 배우들은 아주 훌륭합니다.

(2) Come si chiamano questi animali?
이 동물들의 이름은 무엇인가요?

(3) Questa mattina ho tante cose da fare.
오늘 아침에 나는 할 일이 많습니다.

(4) Questo vestito è più bello di quello.
이 옷은 저것보다 더 예쁩니다.

(5) Quello è il cane di Andrea.
저것은 안드레아의 개입니다.

(6) Quelli sono gli studenti.
저 사람들은 학생들입니다.

(7) Questa è l'amica di Emma.
이 여자는 엠마의 친구입니다.

(8) Queste sono le borse di mia mamma.
이것들은 내 어머니의 가방들입니다.

4. [MP3 **07-3**]

Giuliano	Ciao Maria, cosa fai qui?
Maria	Ciao Giuliano, faccio la spesa. E tu?
Giuliano	Sono qui per comprare un bel maglione.
Maria	In quale negozio vai?
Giuliano	Vado da Versace e da Zara.
Maria	Ma dov'è il negozio di Versace?
Giuliano	È dietro l'angolo a destra di fronte a quella colonna.

쥴리아노	안녕 마리아, 여기서 뭐해?
마리아	안녕 쥴리아노, 쇼핑하고 있어. 넌?
쥴리아노	나는 좋은 스웨터 하나 사러 왔어.
마리아	어떤 매장에 가?
쥴리아노	베르사체와 자라에 가.
마리아	베르사체 매장은 어디 있어?
쥴리아노	저 모퉁이 뒤 오른쪽 기둥 앞에 있어.

① 쥴리아노는 백화점에 있습니다.
② 마리아는 옷가게에 갑니다.
③ 쥴리아노는 스웨터를 삽니다.
④ 마리아는 베르사체 매장이 어디에 있는지 압니다.

UNITÀ 8

1.
(1) Sono le dodici e trenta.
   È mezzanotte e trenta.
(2) È l'una e venticinque.
   Sono le tredici e venticinque.
(3) Sono le quattro e cinquanta.
   Sono le sedici e cinquanta.
   Sono le cinque meno dieci.
(4) Sono le undici e quarantacinque.
   È mezzogiorno meno un quarto.

2.

치과의사 엠마 제벨린 박사의 연구실
진료 시간
월요일부터 목요일까지: 13.00–20.00
금요일: 09.00–12.00
토요일 아침: 09.00–12.00
8월 내내 진료함

(1) 엠마 제벨린 박사의 치과는 월요일 9시에 열지 않습니다. (Sì)
(2) 엠마 제벨린 박사의 치과는 금요일에 엽니다. (Sì)
(3) 엠마 제벨린 박사의 치과는 토요일 오후에 닫습니다. (Sì)
(4) 엠마 제벨린 박사의 치과는 8월에 내내 엽니다. (Sì)

3.
(1) Finisci di pulire il bagno.
   당신은 화장실 청소를 마칩니다.
(2) Cominciamo a preparare la valigia.
   우리는 여행 가방을 준비하기 시작합니다.
(3) Dovete andare a dormire alle 10.
   당신들은 10시에 잠을 자러 가야 합니다.
(4) Abiti a Venezia? 당신은 베네치아에 삽니까? (거주하나요?)
(5) A che ora comincia il film?
   몇 시에 영화가 시작하나요?
(6) Il film comincia a mezzogiorno.
   영화는 정오에 시작합니다.

4. [MP3 **08-3**]

Alessia	Io incomincio un corso d'italiano a Firenze.
Mattias	Che bello! Ti piace imparare l'italiano?
Alessia	Mi piace tanto.
Mattias	Quando comincia il corso?
Alessia	Comincia il 4 e finisce il 29 settembre.
Mattias	A che ora incomicia?
Alessia	Incomincia la mattina alle 9 e finisce alle 13.
Mattias	Ogni giorno c'è la lezione?
Alessia	No, sabato e domenica, non c'è.
Mattias	Allora, anche tutti i pomeriggi sei libera?
Alessia	Sì, perché?
Mattias	Perché anch'io vorrei frequentare il tuo corso.

연습문제 정답

알레씨아	피렌체에서 이탈리아어 수업을 시작해.
마티아스	멋지네! 이탈리아어 배우는 거 좋아?
알레씨아	아주 좋아.
마티아스	수업은 언제 시작해?
알레씨아	9월 4일에 시작해서 29일에 끝나.
마티아스	몇 시에 시작하는데?
알레씨아	아침 9시에 시작해서 오후 1시에 끝나.
마티아스	수업이 매일 있니?
알레씨아	아니, 토요일과 일요일에는 없어.
마티아스	그럼, 오후에는 수업이 없는 거네?
알레씨아	맞는데, 왜?
마티아스	나도 그 수업에 가려고 그러지.

(1) 알레씨아는 토요일과 일요일에 수업에 가고 싶어합니다. (F)

(2) 마티아스는 이탈리아어 수업을 좋아합니다. (F)

(3) 수업은 월요일에 시작해서 금요일에 끝납니다. (V)

(4) 수업은 9월 4일부터 29일까지입니다. (V)

UNITÀ 9

1.

(1) Ciao Vladimir, tua sorella è in casa?
안녕 블라디미르, 네 여동생은 집에 있니?

(2) Professore, il suo libro è interessante.
교수님, 교수님의 책은 재미있습니다.

(3) Nostro figlio vive a Milano.
우리 아이들은 밀라노에 삽니다.

(4) Io e mia moglie abitiamo a Milano.
나와 내 아내는 밀라노에 삽니다.

2.

(1) Prendi un caffè? / Sì, lo prendo.
너 커피 마실래? / 응, 그거 마실게.

(2) Signora, La invito a cena.
부인, 제가 부인을 저녁 식사에 초대합니다.

(3) Ragazzi sapete dov'è la farmacia? /
No, non lo sappiamo.
젊은이들, 약국이 어디 있는지 아나요? / 아니오, 그것을 모릅니다.

(4) Chi porta le patatine? / Le porta Demetria.
감자튀김을 누가 가져오나요? / 데메트리아가 그것을 가져옵니다.

(5) Chi porta la torta? / La porta Diego.
누가 케이크를 가져오나요? / 디에고가 그것을 가져옵니다.

(6) Chi porta i bicchieri? / Li porta Vittoria.
누가 유리잔들을 가져오나요? / 비토리아가 그것들을 가져옵니다.

(7) Chi porta il gelato? / Lo porta Kira.
아이스크림을 누가 가져오나요? / 키라가 그것을 가져옵니다.

3.

(1) vengo a trovarvi!

(2) ascoltami!

(3) Guardalo!

(4) Portamelo!

4. [MP3 09-3]

Camilla	Paolo, guarda dentro al nostro frigorifero! Non c'è niente da mangiare.
Paolo	Davvero?
Camilla	Dobbiamo fare la spesa.
Paolo	Ma, guarda l'orologio, sono le 8. Il supermercato è chiuso.
Camilla	Mangiamo la pizza. Tu la mangi?
Paolo	La mangio volentieri!
Camilla	Allora andiamo in pizzeria!

카밀라	파올로, 우리 냉장고 안을 좀 봐! 먹을 게 하나도 없어.
파올로	진짜?
카밀라	우리 시장 봐야 해.
파올로	그런데, 시간을 봐, 8시야. 슈퍼마켓은 문 닫았어.
카밀라	우리 피자 먹자, 그거 먹을래?
파올로	기꺼이 먹겠어.
카밀라	그럼 피자 먹으러 가자!

(1) 카밀라는 슈퍼마켓에 갑니다. (F)

(2) 파올로는 냉장고 안을 들여다 봅니다. (F)

(3) 카밀라는 피자를 요리합니다. (F)

(4) 파올로와 카밀라는 피자집에 피자를 먹으러 갑니다. (V)

1.

(1) Vorrei andare al mare con gli amici.
나는 친구들과 바다에 갔으면 합니다.

(2) Vorrei mangiare il pomodoro con la mozzarella.
나는 모짜렐라와 토마토를 먹었으면 합니다.

(3) Posso mettere un po' di zucchero nel caffè?
내가 커피에 설탕을 조금 넣어도 되나요?

(4) Dov'è la chiave della macchina?
자동차 열쇠가 어디 있나요?

2.

(1) → ② 우리는 당장 나가야 합니다, 안 그러면 기차를 놓칩니다.

(2) → ① 당장 약국에 가고 싶습니다, 머리가 아프기 때문입니다.

(3) → ④ 운동화가 어디 있나요? 찾을 수가 없습니다.

(4) → ③ 나는 이 자동차를 샀으면 합니다만, 확정하지 못하겠습니다.

3.

(1) Ragazzi, voglio offrirvi la cena.
청년들, 나는 당신들에게 저녁을 대접하고 싶습니다.

(2) Vado o non vado, cosa mi consigli?
내가 갈지 말지, 당신은 내게 어떤 조언을 하시겠습니까?

(3) Giulia è molto felice, cosa le succede?
쥴리아는 아주 행복합니다, 무슨 일이 그녀에게 있나요?

(4) Voglio fargli un regalo.
나는 그에게 선물을 하고 싶습니다.

(5) Vogliamo andare al mare, perché ci danno quattro giorni di vacanza.
우리는 바다에 가고 싶습니다, 왜냐하면 그들이 우리에게 4일 동안 휴가를 주었기 때문입니다.

(6) Oggi è il compleanno di Massimo.
Gli regalo un libro.
오늘은 마씨모의 생일입니다. 나는 그에게 선물을 합니다.

(7) Dov'è Angela? Le voglio dare un bacio.
안젤라는 어디에 있나요? 그녀에게 인사(뽀뽀)를 하고 싶습니다.

(8) Devo parlare con Matteo.
Gli telefono subito!
나는 마테오와 이야기를 해야 합니다. 그에게 당장 전화하겠습니다.

4. [MP3 **10-3**]

Francesco	Roberto, che cosa prendi?
Roberto	Vorrei un cappuccino e un cornetto, e tu Julia?
Julia	Non so, cosa mi consigli?
Roberto	C'è la spremuta di arancia.
Julia	No, vorrei mangiare un cornetto alla mela.
Roberto	Da bere?
Julia	Una bottiglia d'acqua naturale. E tu, Francesco?
Francesco	Io vorrei un caffè normale.
Barista	Prego signori?
Francesco	Un cappuccino, un caffè normale, una bottiglia d'acqua naturale e un cornetto alla mela.
Barista	Va bene, preparo subito tutto!

프란체스코	로베르또, 뭐 먹을래?
로베르또	카푸치노하고 크로와상 하나, 쥴리아 너는?
쥴리아	모르겠어, 뭐 먹으면 좋을까?
로베르또	오렌지 주스 있네.
쥴리아	싫어, 사과잼 크로와상 먹을래.
로베르또	마실 거는?
쥴리아	생수 한 병. 프란체스코 너는?
프란체스코	난 에스프레소 한 잔 마실래.
바리스타	뭐 드실래요?
프란체스코	카푸치노 한 잔, 에스프레소 한 잔, 생수 한 병, 그리고 사과가 들어있는 크로와상 주세요.
바리스타	알겠습니다. 곧 가져다 드릴게요!

(1) 쥴리아는 카푸치노를 마시고 싶어합니다. (F)
(2) 로베르또는 과일 주스를 마시고 싶어합니다. (F)
(3) 프란체스코는 에스프레소를 마시고 싶어합니다. (V)
(4) 바리스타는 그들의 친구입니다. (F)

1.

(1) **Gianni, ti piace usare il computer?**
잔니, 컴퓨터 사용하는 거 좋아하니?

(2) **A me non piace urlare.**
나는 소리지르는 것을 좋아하지 않습니다.

(3) **Ti piace andare a ballare?**
당신은 춤추러 가는 것을 좋아하나요?

(4) **A Monica interessa molto il cinema europeo.** 모니카는 유럽 영화를 아주 재미있어 합니다.

(5) **A Barbara ed Enzo piace mangiare al ristorante.**
바르바라와 엔조는 식당에서 식사하는 것을 좋아합니다.

(6) **Gli piacciono gli spaghetti alle vongole.**
그들은 봉골레 스파게티를 좋아합니다.

(7) **Mi piacciono le cittá d'arte.**
나는 예술의 도시를 좋아합니다.

(8) **A te piace fare colazione a casa?**
당신은 집에서 아침 식사하는 것을 좋아합니까?

2.

(1) **Se non vengo, te lo dico.**
만약에 내가 오지 않으면, 당신에게 말하겠습니다.

(2) **Questa torta è buona, me ne dai ancora una fetta?** 이 케이크는 맛있습니다. 내게 한 조각 더 줄래요?

(3) **Se Marta dimentica la penna, gliela presto io.** 마르타가 펜 갖고 오는 것을 잊어 버리면, 그녀에게 그것을 내가 빌려주겠습니다.

(4) **Glielo devo comprare.**
그에게 선물을 사주어야 합니다.

3.

(1) **Ne** : 당신은 몇 페이지를 공부하나요? 나는 20 페이지를 공부합니다.

(2) **vi** : 내일 저녁에 당신들에게 내가 전화하겠습니다. 그러면 당신들은 바르바라의 소식을 받을 수 있습니다.

(3) **lo** : 버스가 언제 도착하나요? 나는 버스를 기다리는 데 지쳤습니다.

(4) **ci** : 나와 엔조, 우리는 3시에 만납니다.

(5) **glieli** : 리타, 당신은 당신 어머니에게 귀고리 한 쌍을 선물하나요? 네, 그녀에게 그것을 선물합니다.

(6) **te la** : 죠르죠, 자동차를 나에게 빌려줄 수 있나요?
그러죠, 그것을 당신에게 빌려주겠습니다.

(7) **Te le** : 당신은 열쇠들을 나에게 가져다 줄 수 있나요?
지금 당장 그것들을 당신에게 가져다 주겠습니다.

(8) **L'** : 부인, 나는 거실에서 부인을 기다리겠습니다.

4. [MP3 **11-3**]

Al telefono

Aida Pronto, ciao Luca.

Luca Pronto, ciao Aida.

Aida Senti Luca, hai una bicicletta?

Luca Sì, ce l'ho, perché?

Aida Perché domani, vorrei andare in bicicletta a Lido di Venezia.
Me la presti?

Luca Che bello! Te la presto volentieri.

Aida Grazie, anche a te piace andare in bicicletta?

Luca Certo, a me piace molto, ma domani, devo lavorare a casa.

Aida Ok, la prossima volta, lo facciamo insieme.

통화 중

아이다 여보세요, 안녕 루카.

루카 여보세요, 안녕 아이다.

아이다 루카야, 자전거 있니?

루카 응, 자전거 있지, 왜?

아이다 왜냐하면, 내일 리도디 베네치아로 자전거 타고 가려고 하거든.
자전거 빌려줄래?

루카 좋네! 기꺼이 자전거를 네게 빌려주지.

아이다 고마워, 너도 자전거 타는 거 좋아하니?

루카 당연하지, 아주 좋아해, 그렇지만, 일요일에는 집에서 일해야 해.

아이다 알았어, 다음 번에 함께 자전거 타기로 하자.

(1) 아이다는 바에 있습니다. (F)

(2) 루카는 여행을 준비합니다. (F)

(3) 루카는 자전거를 아이다에게 빌려줍니다. (V)

(4) 아이다는 루카와 자전거를 타러 갑니다. (F)

UNITÀ 12

1.

(1) stato   (2) avuto   (3) nato

(4) preso   (5) perso   (6) scritto

(7) chiuso (8) aperto

2.

(1) Io ho mangiato al ristorante La Rampa.
나는 람파 식당에서 식사를 했습니다.

(2) Io e Maria ci siamo incontrati/incontrate all'una di pomeriggio.
나와 마리아, 우리는 오후 1시에 만났습니다.

(3) Stefania è nata il 27 Maggio del 1980 a Roma. 스테파니아는 1980년 5월 27일 로마에서 태어났습니다.

(4) Tu, sei andato/a a Milano? 당신은 밀라노에 갔나요?

(5) Natalia e Matteo si sono svegliati alle 7.
나탈리아와 마테오, 그들은 7시에 일어났습니다.

3.

(1) 당신은 과일을 샀나요?

▶ Sì, l'ho comprata. 네, 나는 그것을 샀습니다.

(2) 당신들은 오늘 했어야 할 운동을 했나요?

▶ No, non li abbiamo fatti.
아니요, 우리는 그것을 하지 않았습니다.

(3) 당신은 가방들을 가득 채웠나요?

▶ Sì, le ho riempite. 네, 나는 그것을 가득 채웠습니다.

(4) 당신은 줄리아에게 줄 선물을 골랐나요?

▶ Sì, l'ho scelto. 네, 나는 그것을 골랐습니다.

4. [MP3 **12-3**]

La mattina Emma si sveglia alle 7:00, si lava, si veste e si prepara la colazione. Arriva al lavoro alle 8:30 e si siede davanti al computer. Lavora per un paio d'ore e alle 10:30 si alza per andare a prendere un caffè. All'una di pomeriggio va a pranzo, poi torna in ufficio e lavora fino alle 6 di pomeriggio.

아침에 엠마는 7시에 일어나서, 씻고, 아침 식사를 준비합니다. 8시 30분에 일터에 도착해서 컴퓨터 앞에 앉습니다. 두어 시간 일하고서 10시 30분에 커피 한 잔을 마시러 가려고 일어납니다. 오후 1시에 점심 식사를 하러

갑니다. 그리고 나서 사무실로 돌아와 오후 6시까지 일을 합니다.

(1) 엠마는 7시에 일어납니다. (V)

(2) 엠마는 친구들과 디스코장에 자주 갑니다. (F)

(3) 엠마는 18시까지 일합니다. (V)

(4) 엠마는 사무실에 늦게 도착합니다. (F)

UNITÀ 13

1.

(1) Stasera, con chi esci?

(2) Partiamo per Seul.

(3) Parto da Parigi per Venezia.

(4) Partite da Roma per la Turchia con la nave.

2.

(1) Io esco da un brutto momento.
나는 좋지 않은 순간에서 벗어납니다.

(2) Tu esci di casa alle 7 di mattina.
당신은 아침 7시에 집에서 나갑니다.

(3) Oggi, noi partiamo per una vacanza.
오늘, 우리는 휴가를 떠납니다.

(4) Domani, partite da Roma per Napoli.
내일, 당신들은 로마에서 나폴리로 출발합니다.

3.

(1) I bambini giocano mangiando la merenda.
아이들은 간식을 먹으면서 놉니다.

(2) Leggendo il giornale, mangia un panino.
그는 신문을 읽으면서 샌드위치를 먹습니다.

(3) Le ragazze stanno andando al bar.
소녀들은 바에 가고 있습니다.

(4) Massimo cosa stai facendo?
마씨모 뭐하고 있는 거니?

(5) Stiamo andando a fare la spesa.
우리는 쇼핑하러 가고 있습니다.

(6) Lavorando con il Dottor Zebellin impara tante cose. 제벨린 박사님과 일하면서 그는 많은 것을 배운다.

(7) Telefonando a Marco, Barbara cucina.
마르코에게 전화하면서 바르바라가 요리합니다.

(8) Pulendo la casa, abbiamo trovato i soldi.

집을 청소하면서 우리는 돈을 발견했습니다.

4. [MP3 **13-3**]

Luciano	Ciao Sofia. Che fai?
Sofia	Ciao Luciano. Leggo un libro ascoltando la musica.
Luciano	Oggi non vai a scuola?
Sofia	No, oggi sono libera. Perché?
Luciano	Perché sto pulendo la casa. Mi dai una mano?
Sofia	Volentieri! Il mio hobby è mettere le cose in ordine. Vengo subito!
Luciano	Grazie! Sei proprio un angelo.

루치아노	안녕 소피아, 뭐하니?
소피아	안녕 루치아노. 음악 들으면서 책 읽어.
루치아노	오늘 학교 안 가니?
소피아	안 가, 오늘은 휴일이야. 왜?
루치아노	집을 청소하고 있거든. 나 좀 도와줄래?
소피아	기꺼이! 내 취미는 정리하는 거야. 당장 갈게!
루치아노	고마워! 넌 진짜 천사야.

(1) 루치아노는 집을 청소하고 있습니다. (V)

(2) 장롱은 정리되어 있습니다. (F)

(3) 소피아는 루치아노에게 도와달라고 합니다. (F)

(4) 루치아노는 기꺼이 극장에 갑니다. (F)

UNITÀ 14

1.

(1) è più alto di te.

(2) è meno alta di
(Angela è piú bassa di Emma.)

(3) è bella come(= quanto)

(4) Questa macchina è buonissima.
(= Questa macchina è ottima.)

(5) è simpaticissima.

2.

(1) Simona, come stai oggi? / Oggi, sto meglio
di ieri. 시모나, 오늘 기분이 어때? / 오늘은 어제 보다 나아.

(2) Questo vino è peggio di quello.

이 포도주는 저것보다 못합니다.

(3) Lui è il più grande (=maggiore) della classe.

그는 교실에서 가장 큽니다. (나이가 많습니다.)

(4) Gli spaghetti al ristornate "La Rampa" sono
i migliori (= piú buoni) di Venezia.

람파 식당의 스파게티는 베네찌아에서 가장 맛있습니다.

3.

(1) Queste scarpe sono migliori.

이 신발들은 가장 좋은 것들입니다.

(2) Oggi sto peggio.

오늘 나는 기분이 더 좋지 않습니다.

(3) Questa pizza è più buona di quella.

이 피자는 저것보다 더 맛있습니다.

(4) Questo vino è peggio di quello.

이 포도주는 저것보다 못합니다.

4. [MP3 **14-3**]

Antonella	Ciao Silvio, dove vai?
Silvio	Vado da mio zio per sciare.
Antonella	Tuo zio scia bene?
Silvio	Sì, mio zio scia molto bene.
Antonella	Chi scia meglio fra voi due?
Silvio	Mio zio scia meglio di me.
Antonella	Un giorno, vengo con te, così possiamo sciare insieme.
Silvio	Certo!

안토넬라	안녕 실비오, 어디 가?
실비오	삼촌댁에 스키 타러 가.
안토넬라	네 삼촌은 스키 잘 타시니?
실비오	그럼, 내 삼촌은 스키를 아주 잘 타셔.
안토넬라	너와 네 삼촌 중에서 누가 스키를 더 잘 타?
실비오	내 삼촌이 나보다 더 잘 타시지.
안토넬라	언제 너와 같이 가서 함께 스키 타자.
실비오	좋지!

(1) 실비오는 삼촌보다 스키를 잘 탑니다. (F)

(2) 안토넬라는 실비오의 삼촌과 스키 타러 갑니다. (F)

(3) 실비오는 스키 타러 삼촌댁에 갑니다. (V)

(4) 실비오의 삼촌은 스키를 아주 잘 탑니다. (V)

UNITÀ 15

1.

(1) Dove passavi le vacanze quando eri
bambina? 당신은 어릴 때 어디에서 휴가를 보냈나요?

(2) Io e te eravamo molto amici all'universitá.
당신과 나는 대학에서 아주 친한 친구였습니다.

(3) Mentre leggevo il giornale, Luigi ha parlato
con Roberta.
내가 신문을 읽는 동안, 루이지는 로버트와 이야기를 했습니다.

(4) Da bambina, non andavo mai al mare.
어렸을 때 나는 바다에 간 적이 없었습니다.

(5) Una volta, mia nonna cucinava le lasagne
alla bolognese.
옛날에, 내 할머니는 라자네 볼로네제를 요리하시고는 했다.

(6) Quando Lucia aveva 13 anni, veniva da me
ogni lunedì.
루치아가 13살이었을 때, 월요일마다 나에게 오고는 했다.

(7) Ieri, il cielo era bello.
어제는 하늘이 맑았습니다.

(8) Quando avevo 7 anni, giocavo a calcio.
7살 때, 나는 축구를 하며 놀았습니다.

2.

(1) Antonella è andata a lezione alla seconda
ora. 안토넬라는 둘째 시간에 수업에 들어갔습니다.

(2) Parto per Venezia, il due aprile.
4월 2일에, 나는 베네치아로 출발합니다.

(3) Stamattina io e Barbara festeggiamo il
primo maggio.
오늘 아침에 나와 바르바라는 5월 1일을 축하합니다.

(4) Questo è il quinto giorno. 이것이 5번째 날입니다.

3.

(1) Noi andiamo spesso al ristorante.

(2) ogni tanto piange.

(3) Non guardo mai il televisore.

(4) Lui, ogni tanto fa una passeggiata.

4. [MP3 **15-3**]

Sono Gianluca. Ho un amico che si chiama
Filippo. Vent'anni fa, ci siamo conosciuti
sul treno da Venezia per Firenze. Avevo 19
anni, lui ne aveva 20. Mentre dormivo, si è
seduto vicino a me. Lui andava all'università
di Firenze, io tornavo a casa dai miei nonni.
Aveva i capelli neri e una giacca marrone.
Abbiamo parlato tanto. Lui voleva diventare
un dentista, io volevo diventare un pittore,
alla fine abbiamo fatto amicizia. Adesso, lui
ha i capelli bianchi e lavora come dentista, io
invece lavoro come insegnante d'arte.

나는 쟌루카입니다. 나는 필리포라는 이름의 친구가 있습니다. 20년 전에,
우리는 베네치아에서 피렌체로 가는 기차에서 알게 되었습니다. 나는 19살
이었고, 그는 20살이었습니다. 내가 잠을 자는 동안에, 그가 내 옆에 앉았
습니다. 그는 피렌체 대학에 갔고, 나는 내 조부모님 댁에 다녀오는 길이었
습니다. 그는 검은 머리에 갈색 재킷을 입고 있었습니다. 우리는 많은
이야기를 나누었는데, 그는 치과 의사가 되고 싶어했고, 나는 미술가가 되
고 싶어했습니다. 우리는 친구가 되었습니다. 이제 그는 머리가 하얗고
치과 의사로 일하고, 반면에 나는 미술 선생으로 일합니다.

(1) 필리포는 쟌루카와 베네치아에 갔다. (F)

(2) 쟌루카는 피렌체에서 필리포와 이야기를 했다. (F)

(3) 필리포는 상인이 되고 싶어했다. (F)

(4) 쟌루카는 관광 안내원으로 일한다. (F)

불규칙 동사 변화표

● 직설법 현재

	io	tu	lei/lui (존칭 Lei)	noi	voi	loro
apparire 등장하다	appaio	appari	appare	appariamo	apparite	appaiono
bere 마시다	bevo	bevi	beve	beviamo	bevete	bevono
costruire 건설하다 (구성하다)	costruisco	costruisci	costruisce	costruiamo	costruite	costruiscono
cuocere 요리하다, 굽다	cuocio	cuoci	cuoce	cociamo	cocete	cuociono
morire 죽다	muoio	muori	muore	moriamo	morite	muoiono
muovere 움직이다	muovo	muovi	muove	moviamo	movete	muovono
produrre 생산하다	produco	produci	produce	produciamo	producete	producono
pulire 청소하다	pulisco	pulisci	pulisce	puliamo	pulite	puliscono
rimanere 남다	rimango	rimani	rimane	rimaniamo	rimanete	rimangono
riuscire ~할 수 있다	riesco	riesci	riesce	riusciamo	riuscite	riescono
sapere 알다	so	sai	sa	sappiamo	sapete	sanno
sedere 앉다	siedo	siedi	siede	sediamo	sedete	siedono
spegnere 불을 끄다	spengo	spegni	spegne	spegniamo	spegnete	spengono
sapere 알다	so	sai	sa	sappiamo	sapete	sanno
togliere 제외하다, 빼다	tolgo	togli	toglie	togliamo	togliete	tolgono

● 단순미래

	io	tu	lei/lui (존칭 Lei)	noi	voi	loro
andare 가다	andrò	andrai	andrà	andremo	andrete	andranno
avere 가지다	avrò	avrai	avrà	avremo	avrete	avranno
bere 마시다	berrò	berrai	berrà	berremo	berrete	berranno
dare 주다	darò	darai	darà	daremo	darete	daranno
dire 말하다	dirò	dirai	dirà	diremo	direte	diranno
essere ~이다	sarò	sarai	sarà	saremo	sarete	saranno
fare 하다	farò	farai	farà	faremo	farete	faranno
potere ~할 수 있다	potrò	potrai	potrà	potremo	potrete	potranno
rimanere 남다	rimarrò	rimarrai	rimarrà	rimarremo	rimarrete	rimarranno
sapere 알다	saprò	saprai	saprà	sapremo	saprete	sapranno

stare 머무르다, 있다	starò	starai	starà	staremo	starete	staranno
vedere 보다	vedrò	vedrai	vedrà	vedremo	vedrete	vedranno
venire 오다	verrò	verrai	verrà	verremo	verrete	verranno
vivere 살다	vivrò	vivrai	vivrà	vivremo	vivrete	vivranno
volere 원하다	vorrò	vorrai	vorrà	vorremo	vorrete	vorranno

● 과거분사

동사	과거분사
accendere 불을 켜다	acceso
aprire 열다	aperto
chiedere 닫다	chiesto
correggere 고치다, 수정하다	corretto
dipingere 그림을 그리다	dipinto
discutere 논의하다	discusso
fare 하다	fatto
leggere 읽다	letto
morire 죽다	morto
perdere 잃다	perso
prendere ~을 취하다(영어의 take)	preso
piangere 울다	pianto
promettere 약속하다	promesso
ridurre 줄이다	ridotto
rompere 깨다	rotto
scegliere 선택하다	scelto
scrivere 쓰다	scritto
soffrire 고통받다	sofferto
spendere 돈을 쓰다	speso
succedere 발생하다	successo
vedere 보다	visto
venire 오다	venuto
vincere 승리하다	vinto
vivere 살다	vissuto